KB113937

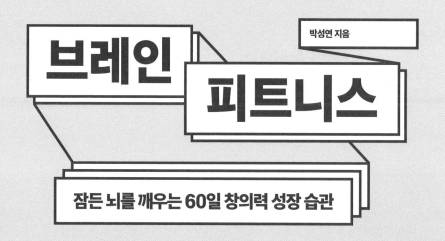

박성연 지음

브레인 피트니스

잠든 뇌를 깨우는 **60일** 창의력 성장 습관

위너스북
WINNER'S BOOK

창의성도 훈련으로
키울 수 있을까?

'창의력'이라 하면 어떤 이미지가 떠오르는가? 아마 대부분의 사람들이 창의력은 타고난 사람만이 가질 수 있는 특별한 재능이라고 생각할 것이다. 그래서 창의성을 반복적으로 훈련한다고 하면 이를 어색하게 느낄 수 있다. 하지만 반복, 훈련, 연습, 연마 등의 단어가 창의성과 거리가 먼 단어가 결코 아니다. 사람들은 창의적인 아이디어를 내는 사람이 따로 있다고 생각하지만, 특정한 방법대로 훈련하고 반복하면 누구나 아이디어를 잘 내는 창의적인 사람이 될 수 있다. 이 책은 창의성을 반복적으로 훈련해 각자의 창의적인 힘을 높일 목적으로 만들었다.

창의력에서 '력'은 힘을 뜻한다. 창의력은 날 때부터 타고나는 것이 아닌, 부단히 애를 쓰면 성장시킬 수 있는 힘이다. 이 책을 펼쳐 들었다는 것은 창의력을 성장시키고픈 바람의 구체적 행동이다. 그러나 모든 일이 그러하듯, 하루아침에 되는 것은 없다. 방법을 알고 꾸준히 익혀야 직접 써먹을 수 있게 된다. 누구도 처음부터 몸짱으로 태어나지 않는다. 유산소 운동과 근육 운동을 꾸준히 하는 것만이 몸짱이 되는 방법이듯, 아이디어를 잘 내는 창의적인 사람이 되고 싶다면 아이디어 내는 법을 단련하면 된다.

이를 위해서는 두 가지 방식이 필요하다. 바로 배우기와 익히기다. 배우기가 '학'이라면 익히기는 '습'이다. 사실 모든 학습은 이 두 가지로 이루어진다. 머리로 배운 것을 몸에 익혀 자동적으로 실행할 수 있는 경지가 되는 것이 학습이다. 하지만 사람들은 일단 배우고 나면 잘 안다고 착각한다. 설명을 들으면 아는 것 같지만, 막상 혼자 실행해보려 하면 잘 되지 않는다. 이럴 때, 좋은 학습지는 큰 도움이 된다. 배움을 통해 내가 모르는 것을 파악할 수 있고, 꾸준한 반복을 통해 그 배움이 내 것이 되도록 돕는다.

'학'에서 '습'으로 가도록 돕는 학습지의 핵심은 꾸준한 반복이다. 이 학습지의 원리를 창의력 증진을 위한 '브레인 피트니스'에도 적용하려 한다. 한 번에 많은 양을 풀어내기보다는 매일 같은 양을 조금씩 꾸준히 푸는 것이 앎을 습득하는 데에 도움이 되듯, 창의적인 질문에 매일 조금씩 답하며 창의적인 사고를 습관화하는 것이 창의 근육을 단련하는 데에 큰 도움이 된다. 이 책을 통해 창의 근육을 키우고 나면, 현실에서 묻지도 따지지도 않고 반사적으로 창의적 아이디어를 내는 경지에 이를 수 있게 될 것이다.

이 책은 필자의 두 번째 책이다. 첫 책인 《킬러 씽킹》으로는 어떻게 모든 것을 압도하는 '킬러 아이디어'를 도출할 수 있는지, 그 구체적인 방법을 담아 보았다. 이번 《브레인 피트니스》는 그 '킬러 아이디어'를 도출하는 법을 직접 몸에 익힐 수 있도록 돕는 책이다. 이 책을 창의력 증진 훈련장이라고 생각해 보자. 우리의 생각이 뛰어놀 수 있는 놀이터이자 두뇌 경기장에서 아이디어 도출의 원리를 자연스럽게 익히자. 영국의 심리학자 필리파 랠리(Phillippa Lally)의 연구에 따르면, 습관을 형성하기 위해 평균적으로 필요한 시간이 약 60일 정도라고 한다. 물론 60일 만에 모든 것이 바뀔 수는 없겠지만, 60일 동안 최대한 꾸준히 밀도 높은 훈련을 해보자. 이 60일이 지나면 이후 평생 창의적으로 사고하는 습관대로 생각하며 살 수 있다. 어떤가?

브레인 피트니스를 통해 창의적으로 사고하는 원리와 방법을 습득하고, 이를 바탕으로 제품 개발, 서비스, 비즈니스, 예술, 일상에 이르기까지 다양한 영역에서 창의적인 아이디어를 발휘해 보자. 우리가 하는 생각에는 패턴이 있다. 자유롭게 상상할 수 있다고 생각하지만, 실은 정해진 패턴대로 고착화된 사고방식을 따라 생각하고 살아간다. 비슷한 방식으로 사고하던 습관을 벗어나, 변화를 시작해 보자. 생각하는 방식을 바꿀 수 있다면 인생도 바꿀 수 있다.

생각이 바뀌면 행동이 바뀌고, 행동이 바뀌면 습관이 바뀌고,

습관이 바뀌면 인격이 바뀌고, 인격이 바뀌면 운명이 바뀐다.

— 미국의 심리학자 윌리엄 제임스(Willian James)

브레인 피트니스로 생각을 바꾸고, 운명을 바꿔보자.

출발.

목차

STEP1
브레인 연결하기

STEP3
창의 습관 자동화

Why

왜 브레인 피트니스가
필요한가

평안감사도 저 싫으면 그만이라는 말
이 있다. 제 아무리 좋은 것이라도 본인이 하고 싶어야 하고, 본인이 하고자
하는 의지를 세워야 할 수 있다. 의지가 있다면 바위도 뚫을 수 있지만 의지가
없으면 작은 돌부리에 걸려도 금방 포기하게 된다. 회사가 원하는 인재가 창
의적 인재라서, 학교의 급훈이 창의라서 하는 게 아니라 나는 왜 창의적이고
싶은지, 왜 브레인 피트니스를 하고 싶어 하는지를 생각해 봐야 한다.

아이디어를 내는 일은 머릿속에서 일어나는 일로, 눈에 보이지 않는다. 만약
누군가 하루 종일 누워만 있다면 일어나서 움직이라고 할 수도 있고, 하루 종
일 계속 먹고만 있다면 그만 먹으라고 할 수도 있다. 그런데, 아이디어는 좀

다르다. 하루 종일 눈 감고 가만히 앉아 있으면 생각을 하고 있는 건지 그냥 멍하게 있는 건지 알 수가 없다. 아이디어를 내는 일은 그 실행여부를 나조차 도 속이기 쉽다.

그래서, 브레인 피트니스를 시작하기 전에 해야 할 첫 번째 질문은 '나는 진짜 로 브레인 피트니스를 하고 싶은가?'이다. 본인 스스로에게 물어야 한다. 아이 디어를 내는 일을 내가 진짜로 하고 싶은지 말이다.

처음에는 아이디어를 잘 내고 싶다는 막연한 바람으로 시작할 수 있지만, 이 런 막연한 바람으로는 시작은 가능해도 완주는 어렵다. 물론 '시작이 반'이라 했으니 시작을 하는 것이 안 하는 것보다는 나을 수 있다. 그런데 시작만 하고 마무리를 짓지 못하면 '나는 매사 이래', '내가 제대로 하는 게 뭐가 있겠어'라 며 자기 비하로 이어진다.

누구나 새롭고 창의적인 아이디어를 내고 싶겠지만 다짐을 제대로 하지 않으 면 작은 시련 앞에 굴복하기 쉽다. 과제가 조금만 어려워도 혹은 생각하기 조 금만 귀찮아도 손을 놔버릴 수 있다. 우리 뇌는 변화를 무척 싫어한다. 새로운 것을 하려고 하면 온몸으로 이를 저항한다. 그래서, 처음 먹은 마음을 끝까지 밀고 나가기 위해서는 내가 왜 이 브레인 피트니스를 하고 싶은지, 무엇을 바꾸고 싶은지 명확히 해야 한다. 그래야 약해진 마음을 다시금 다잡을 수 있다. 이를 위해 스스로에게 하는 몇 가지 질문들에 답을 해보자.

∵ **나는 어떤 사람이 되고 싶은가?**

....

....

∵ **앞으로 60일간 브레인 피트니스를 실천한다면 지금의 나는 60일 후, 어떻게 달라질 것 같은가?**

....

....

∵ **브레인 피트니스는 내 삶에 어떤 영향을 줄까?**

....

....

∵   내가 브레인 피트니스를 한다면 내 주변 사람들에게는 어떤 영향을 미칠까?

....

....

∵   이루지 못했던 인생 목표가 있다면 무엇인가?
    아이디어가 부족해 이루지 못했던 것은 아닐까?

....

....

∵   만약 브레인 피트니스에 실패한다면 왜 실패했을까? 이를 극복하기 위한 방
    법은 무엇일까?

....

....

이 질문들에 대한 답은 그냥 넘기지 말고 꼭 해보기 바란다.

내가 쓴 답을 통해 내가 얼마나 열렬히 브레인 피트니스를 원하고 있는지 확인하였는가? 나약한 마음이 들 때, 귀차니즘이 찾아와 브레인 피트니스를 계속하는 게 힘들 때마다 다시금 펼쳐 보기 바란다. 이제 60일간의 브레인 피트니스를 잘 실천하겠다는 굳은 의지를 담은 다음의 계약서를 완성해 보자.

∵ 브레인 피트니스 계약서

나 ＿＿＿＿ (은/는) 60일간 브레인 피트니스에 성실히 임할 것을 약속합니다.

나 ＿＿＿＿ (은/는) 브레인 피트니스를 통해 내 안의 창의성을 최대한 끌어내고 새롭게 생각하는 습관을 만들 것입니다.

그래서 나 ＿＿＿＿ (은/는) 정답이 아니라 나만의 해답을 찾을 수 있는 사람이 될 것입니다.

나 ＿＿＿＿ (은/는) 60일간 브레인 피트니스를 하면서 내 몸과 마음을 잘 돌보며 나에게서 일어나는 변화를 찬찬히 살피고 나를 극진히 잘 모실 것입니다.

＿＿＿＿ 년 ＿＿＿ 월 ＿＿＿ 일   서명 ＿＿＿＿＿＿＿＿

브레인 피트니스도 하다 보면 흐지부지될 때가 있을 수 있다. 그때마다 이 계약서를 들추어 보길 바란다. 응급실에서 심폐소생술을 통해 사람을 살리듯 이 브레인 피트니스가 희미해지는 나의 의지를 되살리는 무기가 되어줄 것이다.

Who

어떤 사람에게
브레인 피트니스가
필요한가

우리는 흔히 광고 기획자, 카피라이터, 게임 기획자, 디자이너, 작가처럼 소위 크리에이티브한 자질이 필요한 분야에 종사하는 사람에게만 창의성이 필요할 것이라 생각한다. 단순 반복 업무를 하는 사람이 굳이 창의적인 아이디어가 필요할까 싶을 수도 있다.

창의는 위대한 예술가나 작가에게만 필요한 것이 아니다. 가게를 운영하는 사장님도, 숫자를 다루는 회계부서 팀원도, 운전을 하는 택시 기사도 창의성이 필요하다. 늘 해오던 방식이 아니라 더 나은 방식으로 일하고자 하는 사람 누구에게나 창의성은 필요하다. 더 나은 방식을 찾게 되면 더 나은 해결책을 찾을 수 있고, 이는 더 나은 기회로까지 연결된다.

우리는 어떻게 더 나은 방식으로 일할 수 있을까? 뭐든 더 나은 방식을 얻으려면 새로운 시도를 해봐야 한다. 무엇을 어떻게 새롭게 해볼 수 있을지 생각하는 일이 바로 창의이다. 그렇기 때문에 더 나은 방식으로 일하고자 할 때 창의성은 필수이다.

시키는 일을 잘하고 싶은 사람

일을 시키는 사람과 시키는 일을 하는 사람, 둘 중 누구에게 더 창의성이 필요할까? 한 번 생각해 보자.

먼저, 일을 할 때 필요한 3가지는 Why, What, How이다.

시키는 일을 할 때는 최소한 Why나 What은 있다. How가 있는 경우도 있고 없는 경우도 있는데 만약 How가 있다면 일의 숙련도가 중요하다. 알고 있는 방법대로 능숙하게 처리하면 되기 때문이다. 그런데, How가 없는 경우에는 일을 맡은 사람이 How까지 고민해야 한다.

지금처럼 산업이 고도화되기 이전에는 일을 할 때 문제가 단순했고 How도 단순했다. 그래서, 창의성보다는 숙련도가 더 중요했지만, 이제는 문제가 복잡해졌고 변화의 속도도 빨라졌다. 매번 현실적으로 부딪히는 수많은 난관을 어떻게 뚫을지가 중요해졌다. 난관을 해결해 가는 능력을 '문제 해결력'이라고 하는데, 이 문제 해결력의 핵심이 바로 창의성이다.

문제 해결이란 무엇인가? 기존의 방식으로 잘 안되면 새로운 방식으로 접근해 보고, 크고 작은 실패와 성공을 거듭하면서 해결하고자 하는 문제를 푸는 일이 바로 문제 해결이다. 창의적인 사람들은 기존의 방식을 벗어나 새로운 접근 방식, 새로운 해결책을 떠올릴 수 있다. 그래서 일을 잘 하려면 창의성은 필수다. 그러니 그 수많은 기업들이 창의성을 인재의 핵심 역량으로 규정하고, 수많은 학교들이 창의성을 갖춘 인재를 육성하고자 애쓰는 것이다.

일을 잘 시키고 싶은 사람

그럼 일을 시킬 때는 어떨까? 일반적으로 일을 시키는 사람은 명령만 하면 그만이라고 생각하겠지만 일을 시킬 때야말로 창의성이 요구된다.

시킨 일을 하는 것을 '문제 해결'이라고 한다면, 일을 시키는 것은 '문제 정의'다. 무슨 일을 해야 하는지 정해주는 것이다. 문제를 정의하려면 먼저 원하는 바가 무엇인지 명확해야 한다. 왜 그것을 원하는지, 현재의 상황은 어떠한지 고려해야 한다. 어디까지 되어 있고, 또 안 되어 있는지도 파악해야 한다. 그 다음에야 문제를 정의하는 일이 가능해진다.

시킨 일을 할 때에는 What은 있기 때문에 How만 고민하면 되지만, 일을 시킬 때에는 How는 고사하고 What조차 없는 상태에서 시작해야 한다. 예전에는 이 What을 매번 새롭게 고민할 필요도 없었다. 그런데 지금은 상황은 복잡해지고 변화도 빨라서 매번 새롭게 What을 고민할 수밖에 없다. What을 새로 정의해서 일을 시키려면 창의성은 필수이다.

이때 필요한 창의성은 더 높은 레벨이다. 우리는 어릴 때부터 문제가 주어지면 답을 찾는 훈련을 해왔다. 학교에서 배우는 모든 과정은 주로 주어진 문제를 어떻게 풀 것인지를 찾는 것이었다. 그래서 대부분의 사람들이 문제가 정의되면 반사적으로 어떻게든 그에 맞는 해결책을 찾으려 한다. 그런데 문제 정의가 되어 있지 않았다면 생소할 수밖에 없다. 문제 정의를 새로 하는 일은 문제 해결보다 낯설고 복잡하다. 당연히 더 높은 수준의 창의성이 요구된다.

AI를 능숙하게 다루고 싶은 사람

인공지능 시대에 결국 인간에게 중요한 것은 창의성이라는 이야기, 많이 들어봤을 것이다. 그러나 이제는 인공지능이 인간의 창의성마저 뛰어넘는 성과들을 보이고 있다. 인공지능이 그린 그림이 미술대회에서 1등을 하고, 인공지능이 작곡한 음악이 영화 배경 음악으로 쓰이고, 인공지능이 쓴 책이 출간되는 세상이 되었다. 창의성은 정말 인공지능과 인간을 구분 짓는 인간만의 고유한 역량일까? 인공지능이 인간보다 더 높은 창의적 성취를 보이는 이 시대에 창의성이란 어떤 의미일까?

인공지능에 대한 사람들의 인식 또한 달라졌다. 사람들은 말귀를 알아듣는 인공지능 챗GPT를 마치 사람처럼 취급한다. 인공지능이 잘못된 정보를 내놓으면 '거짓말쟁이', '허풍쟁이'라며 사람에게나 쓰던 별명을 붙인다. 실제로 인공지능에게 명령을 할 때 복잡한 메뉴를 이것저것 누르지 않고 '바다 위에 떠 있는 집을 그려줘' 같이 마치 사람에게 말하듯 한다. 물론, 아직까지 일반적인 인공지능이 내놓는 결과물은 숙련자의 내공까지 쫓아가지는 못하지만 초보자 수준의 작업물은 뚝딱 만들어낸다. 놀라운 점은 사람이라면 며칠씩 걸렸을 작업을 인공지능은 고작 몇 분, 몇 초 만에 해낸다는 점이다.

최근에는 인공지능을 활용하는 영역도 넓어지고 있다. 그림을 그리고 작곡을 하고 소설을 짓는 예술의 영역을 넘어 실무의 영역에서도 인공지능이 활발히 쓰이고 있다. 인공지능이 회의 음성을 글자로 기록해서 녹취록을 만드는 것은 기본이고, 회의 내용을 요약해 회의록까지 작성한다. 웬만한 신입 직원보다 핵심을 더 잘 파악한다. 영상을 제작하기 위해 음성 녹음을 하고 숨소리, 바람 소리, 마찰음을 일일이 편집하는 단순 작업을 인공지능에게 시키면 몇 초 안에 뚝딱 해낸다. 만들고 싶은 내용을 글로 적기만 하면 PPT로 만들어 주는 것뿐 아니라 맥락에 맞게 예쁘게 디자인까지 해서 준다. 사람은 그저 인공지능이 만든 결과물을 원하는 대로 수정해서 완성하기만 하면 된다.

이렇게 인공지능이 창의적 산출물까지 척척 내놓는 시대에 인간은 무엇을 해야 할까? 한쪽에서는 이제 일은 인공지능에게 맡기고 사람들은 고대 아테네처럼 토론하고 예술하고 놀면 된다며 낙관적인 미래를 그리기도 하고, 다른 쪽에서는 이제 인공지능에게 일자리를 빼앗길 것이라며 암울한 미래를 그리기도 한다. 두 방향 모두 극단적이다.

인간은 이제 새로운 능력을 길러야 한다. 인간이 인공지능을 부리는 지시자가 되어야 한다. 인공지능이 더욱 뛰어난 결과물을 만들어낼 수 있도록 지시하고 명령하는 역할 말이다.

예전 지식 노동에서 사람의 역할은 방대한 자료를 찾고, 그 자료에서 핵심적인 내용을 요약 정리해 새로운 무언가를 만들어내는 것이었다. 그런데 이제는 그 일을 인공지능이 사람보다 훨씬 빠르게 할 수 있다. 이를 다르게 생각해 보면 이제 누구나 몇 분 만에 결과물을 내는 유능한 직원을, 그것도 농땡이도 안 피우고 24시간 나를 위해 일해주는 직원을 가지게 되는 셈이다. 이제는 누구나 인공지능이라는 부하 직원을 데리고 일할 수 있는 시대가 열린 것이다. 자본이 없어 직원을 고용할 수 없었던 개인들은 이제 인공지능이라는 새로운 직원을 고용해 완전히 다른 결과물을 도출할 수 있게 되었다. 이제 우리는 모두 사장이 되어 인공지능 사원이 작업한 일을 보며 무엇을 더 하고 어떻게 할지 구체적으로 지시하는, 일을 시키는 사람이 되어야 한다.

지시는 단순한 명령이 아니다. 지시를 잘 하려면 많은 창의성이 요구된다. 일을 시킨다는 것은 새로운 문제를 정의하는 것이고, 문제를 정의하기 위해서는 문제를 둘러싼 맥락을 파악하고 다양한 가설을 세울 수 있어야 한다. 어떤 결과가 무엇 때문에 도출되었는지 생각하고, 하나의 가설이 아니라 다양한 가설을 세우고 탐색해야 한다. 다양한 가설을 세우고 탐색하는 능력이 창의력이다. 또한 인공지능이 가져오는 결과를 바탕으로 계속 새로운 것을 지시해야 하는데, 이때도 창의력이 필요하다. 인공지능이 창의적 결과물을 만드는 시대에 이제는 인간에게 '결과물을 만드는 창의'가 아니라 창의적 산출물을 도출하는 '과정상의 창의'가 더 중요해진 것이다.

현명한 선택을 하고자 하는 사람

번뜩이는 아이디어가 필요한 직업군에 종사하는 것도 아니고, 인공지능과도 무관한 일을 하고 있다면 창의성은 내 삶과 별 상관이 없을까? 그렇지 않다. 창의성은 현명한 선택을 원하는 모든 이들에게 필요하다.

시대는 늘 '창의'를 외쳐왔다. 학급의 급훈에도, 회사의 인재상에도 늘 창의라는 단어가 따라붙었다. 그래서 사람들에게 창의성은 필수 역량이라는 인식이 자연스럽게 배어 있다. 그런데, 다시 한 번 생각해 보자. 우리는 왜 창의적인 사람이 되어야 하는 것일까?

많은 사람들이 지혜로워지고 싶어 한다. 그렇다면 어떻게 지혜로워질 수 있을까? 나이를 많이 먹으면 지혜로워질까? 책을 많이 읽으면 지혜로워질까?

지혜로운 사람은 어떤 사람일지 생각해 보자. 지혜는 선택을 할 때 빛을 발한다. 그래서 우리는 보통 현명한 선택을 하는 사람을 지혜롭다고 한다. 현명한 선택은 오랜 경험과 지식 등이 한데 어우러져야 가능한 예술적 경지이다. 단순히 지식이 많거나 나이가 많다고 되는 것이 아니다. 그럼, 어떻게 하면 더 현명한 선택을 할 수 있을지 한 번 파헤쳐 보자.

우선 선택을 하려면 선택지가 있어야 한다. 그리고 그 선택지는 적은 것보다는 많은 것이 낫다. 할 건지 말 건지의 두 선택지를 놓고 고민할 때보다 더 많은 선택지를 놓고 고민할 때 더욱 현명한 선택을 할 가능성이 커진다.

예를 들어, 직장을 때려치울지, 아니면 계속 다닐지의 두 가지 옵션을 놓고 고민하는 사람보다 휴가를 내볼까, 아니면 부서를 옮겨볼까, 원하는 프로젝트를 제안해보고 안 되면 그만 둘까 등의 여러 선택지를 놓고 고민하는 사람이 더 현명한 선택을 할 가능성이 높다. 그럼 어떻게 하면 더 많은 선택지를 만들 수 있을까?

창의적으로 생각한다는 것은 더 많은 선택지를 만들 수 있는 능력이다. 하나가 아니라 둘, 셋이 아니라 열. 새로운 생각을 계속 할수록 선택지는 넓어진다. 그래서 학교나 회사, 사회가 창의성을 요구하기 때문에 창의적인 인간이 되어야 하는 것이 아니라 더 현명한 선택을 하기 위해 창의적인 인간이 되어야 한다. 더 현명한 선택을 할 수 있게 되면 좀 더 지혜로운 인간에 가까워질 수 있다. 지혜로워지기를 바란다면 창의력을 연마하자.

새로운 기회를 찾으려는 전문가

더 나은 삶을 위해, 더 지혜로워지기 위해 창의적인 인간이 되어야 한다는 이야기를 했다. 예외가 있을까? 특정 분야의 전문가라면 예외일까? 아니다. 전문가에게 창의성은 더더욱 중요하다. 건축 분야든 재무 분야든 패션 분야든 모든 영역에는 전문가가 있다. 이 전문가 그룹 안에서 더 나은 전문가가 되려면 어떻게 해야 할까? 먼저, 전문가 그룹 안에서 전문성에 대한 인정을 받아야 할 것이다. 전문성을 인정받을 결과물은 새로운 시도를 통해서만 만들어낼 수 있다. 새로운 시도는 새로운 아이디어에서 출발한다.

그런데 오히려 전문가일수록 새로운 아이디어를 떠올리기는 쉽지 않다. 왜일까? 전문가란 어떤 한 분야에 오래 종사하여 그 분야에 상당한 지식과 경험을 가진 사람이므로, 머릿속에 일의 프로세스가 확립되어 있다. 전문가는 어떤 과제가 주어지면 일의 순서를 하나씩 따지고 생각하지 않아도 몸에 새겨진 대로 알아서 반사적이고 반복적으로 척척 일을 해낸다.

전문가들은 이미 익숙한 절차대로 수월하게 일을 처리하기 때문에 새로운 것을 구상하기가 쉽지 않을 수 있다. 새로운 아이디어는 기존의 전제나 믿음, 가치 등을 깰 때 나오기 때문이다.

혁신은 기존 것의 일부만을 고치는 개선과는 다르다. 생각지도 못했던 부분에서 익숙한 절차를 떠나 다른 방식으로 시도해 봐야 비약적인 변화가 일어나는데 전문가들은 지금껏 해온 방식이 너무나 당연하기 때문에 다르게 생각하기 어렵다.

초보자라면 어떨까? 무엇이 왜 안되는지 몰라서 무모하고, 바로 그 무모하다는 점 때문에 새로운 시도를 할 수 있다. 그리고 완전히 새로운 방식으로 접근을 한다. 물론 그 시도는 대개 실패로 끝난다. 그런데 어떤 경우에는 어떻게 저런 참신한 생각을 할 수가 있지? 왜 이전에는 이렇게 생각하지 못했지? 싶은 것들이 생긴다. 덕분에 생각지도 못한 성공을 거두기도 한다.

아인슈타인은 시간과 공간은 절대적이라는 뉴턴의 물리학 이론을 뒤집었다. 당연히 처음에는 받아들여지지 않았다. 근대 물리학의 토대를 이룬 뉴턴의 물리학은 일상에서 일어나는 현상을 설명할 수 있는 아주 강력한 이론이었다. 그 절대적인 이론의 빈틈을 의심하고 따지면서 아인슈타인은 상대성 원리라는 새로운 체계의 이론을 만들었다.

자신이 쌓아 올린 체계를 당연하게 옳다고 믿고 있는 전문가들이야말로 이 브레인 피트니스를 통해 그동안의 믿음, 전제, 가치를 깨고 새로운 차원으로 나아가야 한다.

How

브레인 피트니스는
어떻게 하는 것일까

집중하기

외부의 자극은 아이디어를 내기 위한 훌륭한 재료이다. 외부 자극은 과연 많은 것이 좋을까? 주위를 둘러보면 우리는 지금 그 어느 때보다 많은 자극 속에 살고 있다. 휴대폰 문자 메시지뿐 아니라 SNS 알림, 이메일 알림 등 각종 알림음이 쉴 새 없이 울려대고 미디어는 하루 종일 떠든다. 간이 센 음식을 먹을수록 더욱 자극적인 맛을 찾게 되듯, 뇌도 너무 많은 자극을 동시다발적으로 받으면 소란스러워지고 오히려 자극에 무뎌진다. 섬세하지 않은 혀는 좋은 맛을 구분할 수 없듯이, 무뎌진 뇌는 아이디어를 떠올리기 어렵다.

아이디어를 내는 것은 훌륭한 휴식 방법이다. 휴식이라고 하면 자거나 쉬거나 아무것도 하지 않는 것을 떠올리지만, 음악에 집중하거나 명상하는 것처럼 어떤 한 가지에 집중하는 것은 뇌를 편안하게 하고, 불필요한 생각들을 없애준다. 아이디어를 떠올리는 과정에서 우리의 두뇌는 하나의 주제에 온전히 집중하게 된다. 이 집중 상태는 일상에서의 스트레스와 불안을 잠시 잊게 해주는 마치 명상과도 같은 효과를 가져온다. 즉, 집중해서 아이디어를 구상하는 동안 우리는 현실의 복잡한 문제들에서 벗어나 창의적인 사고의 세계로 들어가게 되고 이를 통해 정신적인 휴식을 얻게 되는 것이다.

운전을 하면서 통화를 하고, 업무를 하면서 일정을 정하는 등 동시에 여러 가지의 일을 하는 일상의 바쁜 뇌는 기계적으로 움직일 뿐, 절대 창조적일 수가 없다. 뇌의 창조력은 집중할 때 생긴다. 스트레스로 인해 다른 것에 정신이 팔려 있을 때라면 새로운 아이디어는 생겨날 수 없다. 그러니 창의 습관을 장착하기 위해서는 스트레스를 없애고 많은 것을 단순화해야 한다.

꾸준히 매일 하기

뷔페에 가서 한 끼 잘 먹었다고 며칠 동안 배가 부르지 않듯이, 무언가를 한 번 배운다고 해서 그것이 계속 남지는 않는다. 우리 뇌는 새로운 것을 받아들이는 데에 익숙하지 않기 때문에, 익숙해지기 위해서는 반복적인 작은 신호를 지속적으로 뇌에 입력해야 한다.

그래서 습관이 중요하다. 세 살 버릇이 여든까지 간다고 하지 않는가? 문제는 어떤 행동이든 그것을 습관으로 만들기가 참으로 어렵다는 것이다. 힘들게 변화를 시도하면 하루아침에 뭔가 달라지기를 기대하지만 즉각적인 결과를 얻지 못하면 금세 좌절감을 느끼고 포기하고 싶어진다. 하지만 당장의 결과가 없는 상황을 참아내고 꾸준히 하면 결국엔 달라질 수밖에 없다.

그래서 좀 더 쉽게 습관을 만들려면 큰 목표보다 작은 목표부터 잡으면 좋다. 목표가 작으면 부담도 적고 꾸준히 할 수 있다. 그래서 이 책에서는 아이디어를 낼 수 있는 온갖 방법들을 한 번에 알려주지 않고 매일 하나씩 단 오 분, 십 분씩 시간을 내면 할 수 있도록 훈련을 쪼개어 두었다.

우리가 브레인 피트니스를 하는 이유는 창의 습관을 내 몸에 붙이기 위해서다. 그러니 매일 조금씩, 꾸준히 반복하는 것 말고는 왕도가 없다. 꾸준히 전진하는 거북이가 토끼를 이긴다. 매일매일 딱 60일만 해보자.

부정적인 생각에서 벗어나기

60일간 브레인 피트니스를 실천하는 데 있어 가장 경계해야 할 것은 무엇일까? 하루 이틀 빼먹고 하지 못하는 것일까? 며칠을 빼먹는 것보다 더 심각한 것은 그 뒤에 찾아오는 부정적인 감정이다. '왜 나는 이 모양일까?', '왜 이렇게 한심할까?', '이것도 제대로 못 하다니'와 같은 스스로를 낮추는 부정적인 생각들은 부지불식간에 나의 영혼을 파괴한다. 스스로를 못마땅하게 여기기 시작하면 그것으로 끝나지 않고 나를 미워하면서 나에게 더 엄격한 잣대를 들이대게 된다. 그리고 그 엄격한 잣대에 못 미치는 나에게 더욱 가혹해진다.

친구가 하루 운동을 하지 않았다고 '너라는 사람은 안 되는 사람이야.' 하고 비난할 친구는 많지 않다. 그런데, 내가 그런 행동을 하면 나에게는 가차없다. 단 한 번의 실수도 없이 완벽해지려는 욕망은 욕심이다. 로봇이 아닌 이상 하루 정도는 빼먹을 수도 있다. 빼먹고 실천하지 못한 시간을 실패가 아닌 쉼표로 생각해 보면 어떨까? 쉬었던 날을 재점검의 날로 생각해 보자. 자신에게 좀 더 관대해도 좋다. 자신에게만 관대한 것도 문제이지만 자신에게만 혹독한 것은 더 큰 문제이다. 나 자신에게 좀 더 너그러워져서 스스로의 감정을 잘 다스린다면 브레인 피트니스를 무사히 잘 마칠 수 있을 것이다.

아이디어 킬러 제거하기

아이디어 킬러란 갓 태어난 아이디어를 평가하면서 아이디어를 무시하거나 가차없이 죽이는 사람을 의미한다. 보통 킬러라고 하면 칼이나 총으로 목숨을 빼앗는 무시무시한 사람으로 생각하지만, 아이디어 킬러는 누구나 쉽게 될 수 있다. 왜냐하면 아이디어는 아주 연약하기 때문이다. 아이디어는 '이게 말이 되냐'는 비난에도 즉사하고, 입을 닫는 반응이나 비웃음 섞은 미소, 한숨, 하품, 말도 안 된다는 표정에는 기절을 해버린다.

그런데 이 아이디어 킬러는 정작 본인은 그 킬러인지도 모른다는 데에 문제의 심각성이 있다. 본인이 킬러인지도 모른 채 아이디어를 마구잡이로 비판하며 눈 앞에서 아이디어가 죽어나가도 마치 본인이 굉장히 똑똑한 사람인 양 착각한다. 이런 아이디어 킬러는 누구나 될 수 있고 꾸준히 양산되고 있다. 더 심각한 문제는 이렇게 아이디어 킬러에게 자꾸 당하다 보면 자기도 모르는 사이 어느새 자신도 아이디어 킬러로 변한다는 것이다. 하지만 당하고만 있을 수는 없다. 아이디어 킬러로부터 아이디어를 지킬 방어용 무기가 있어야 한다.

예를 들면, 크리베이트에서는 'Yes But' 스티커라는 무기를 만들었다. 다른 사람의 아이디어를 듣고 '그런데' 하고 말을 시작하는 사람이 있으면 가차 없이 얼굴에 이 스티커를 붙인다. 얼굴에 스티커를 붙인다는 규칙만 만들어도 습관적으로 '하지만'을 연발하던 사람들이 스스로 주의하게 된다. 또, 얼굴에 'Yes But' 스티커를 붙이면 그 모습이 우스꽝스러워서 다 같이 한바탕 웃고 나서 아이디어를 내게 될 수도 있다.

아이디어를 지키기 위해서는 자신만의 무기를 만들어야 한다. 브레인 피트니스를 하는 동안에도 아이디어 킬러가 언제 어디에서 나타나 나를 방해할지 모른다. 하지만 걱정하지 않아도 된다. 브레인 피트니스를 진행하며 아이디어 킬러를 무력화시킬 무기를 만드는 시간이 있으니 누구나 하나씩 자신만의 강력한 무기를 가질 수 있을 것이다.

스스로를 믿기

필자가 사람들로부터 많이 받는 질문 중 하나는 어떤 사람이 창의적인 사람이냐는 것이다. 창의적인 사람은 과연 어떤 사람일까? 카피라이터? 아티스트? 작가? 감독? 이들은 창의적인 결과물이 필수적인 분야에서 일하는 사람들이기에 막연히 창의적인 사람이라고 짐작할 것이다.

그런데 창의적인 사람들이란 다름 아닌 자신을 창의적이라고 믿는 사람들이다. 이는 창의적인 사람들의 특징을 연구하는 많은 논문에서도 입증된 바 있다. 세상을 자신만의 독창적인 시각으로 바라보고 이를 표현하는 사람들은 자신이 창의적이라는 사실을 믿기 때문에 생각과 감정을 표현하는 데에도 거침이 없다. 그러니 더욱더 창의적인 사람이 될 수 있다.

스스로가 창의적인 사람이라고 믿고, 브레인 피트니스를 통해 훈련과 노력을 더한다면 창의성은 반드시 자라날 수 있다. 변화는 우연의 산물이 아니라 시간과 노력을 들여 단단하게 만든 결실이다.

What

브레인 피트니스의
3가지 단계

1단계 | 브레인 연결하기

사람은 어떻게 잘 못하던 것을 잘할 수 있게 될까? 못할 때와 잘할 때, 뇌에서는 어떤 변화가 일어나는 것일까?

예전에 헬스장에서 퍼스널 트레이닝(PT)를 받을 때의 일이다. 멋있게 턱걸이를 하는 사람을 보면서 나도 저렇게 되고 싶다는 생각에 따라한 적이 있었다. 바로 될 리가 없다. 어깨 근육을 어떻게 쓰는지, 팔 근육은 어떻게 쓰는지 전혀 알지 못하는 상태에서 한 번 만에 성공하기는 쉽지 않다. 그럴 때 쓸 수 있는 전략은 단계를 나누는 것이다. 처음엔 매달리기부터 연습한다. 이후 팔에 힘을 주고 어깨 근육과 등 근육을 활용해 몸을 끌어올린다. 각 단계를 하나씩 분리해서 연습하고 모든 동작을 연결하는 방식으로 턱걸이를 정복할 수 있다.

왜 이렇게 단계를 나누면 정복할 수 있게 될까? 뇌는 턱걸이 하는 방법에 대한 정보가 전혀 없다. 턱걸이를 할 때 필요한 각 부위별 신경인 팔 근육, 어깨 근육, 등 근육을 움직이는 신경들이 뇌 속에서 서로 시냅스로 연결되어 있지 않은 상태이다.

그런데 한 동작씩 끊어서 할 때마다 뇌에 있는 각 신경들이 시냅스로 연결되기 시작한다. 풀숲을 처음 지날 때는 발자국이 안 남지만 계속 그 길을 지나다니다 보면 어느새 길이 생긴다. 우리의 뇌도 똑같다. 처음에는 서로 다른 신경들끼리 연결되지 않지만 꾸준히 반복하면 서로 다른 신경들끼리의 연결이 강해지고 두꺼워진다. 그럴수록 어떤 일을 더 쉽게 수행할 수 있게 된다.

기존에는 나이가 들면 뇌세포도 줄어든다고 알려져 있었지만 최근 연구에 따르면 뇌세포는 나이를 먹어도 계속 생성되며 시간이 지나도 그 숫자가 줄어들지 않는다고 한다. 다만, 점점 뇌세포끼리 연결해서 활동하는 시냅스라는 시

스템이 줄어들게 된다. 나이가 들면서는 익숙해진 것만을 반복하기 때문이다. 시냅스는 뇌가 새로운 것을 접하고 받아들이는 과정을 통해 만들어진다. 따라서, 뇌를 활성화시키고 유연하게 하려면 지속적으로 새로운 것을 받아들이고 도전해야 한다.

우리가 브레인 피트니스에서 할 일은 바로 새로운 시냅스를 만드는 일이다. 익숙하지 않아서 어렵다는 것은 시냅스끼리 전혀 연결되지 않았다는 것을 의미하고, 무언가를 잘할 수 있다는 것은 이 시냅스끼리의 연결이 많고 두껍다는 것을 의미한다. 시냅스와 시냅스를 연결할 때 뇌는 저항한다. '어렵다', '하기 싫다'와 같은 나태한 생각, '이렇게 해서 뭐가 나올까?'와 같은 실망감이 바로 뇌의 저항이다. 뇌가 보내는 이러한 신호에 일일이 반응할 필요는 없다. 적당히 무시해도 된다. 새로운 시냅스끼리의 연결이 그리 쉬운 일은 아니지, 정도로 생각하고 넘기자. 회의적인 생각이 들더라도 무조건 끝까지 가보길 바란다.

2단계 | 브레인 지속하기

1단계 '브레인 연결하기'로 새로운 시냅스의 연결을 만들고 나면 뇌의 연결망은 더욱 복잡해지고 더 많은 정보를 처리할 수 있게 된다. 좀 더 수월하게 아이디어를 낼 수 있게 되었다는 뜻이다. 이후 2단계인 '지속하기' 단계가 길어질수록 새로운 생각을 떠올리기가 쉽다는 것을 느낄 것이다.

이 시기에는 많은 변화를 체험할 수 있다. 새로운 아이디어를 내는 일이 즐겁고 흥미로운 경험이 될 수 있다는 사실을 받아들이기 시작할 것이다. 하지만, 방심은 금물이다. 잘 되지 않는 시기가 지났다고는 하지만 여전히 아이디어를 내는 일은 부담스럽고 어려운 일이다. 하지만 계속 도전을 이어가면서 변화한 뇌가 자연스러워질 때까지 끝까지 밀어붙여야 한다.

지속하기 위해서는 그 배움이 나의 삶에 녹아들어야 한다. 시험을 치르기 위한 공부는 시험이 끝나면 다 잊지만, 스스로가 궁금해서 한 공부는 훨씬 오래 남는다. 하지만 그 공부조차도 내가 일상에서 써먹지 않는 한 오래 기억하는 데에는 한계가 있다. 배운 것이 삶에 녹아들 때 진정한 배움이 된다. 그래서 아이디어 내는 과정을 배우고 나면 가급적이면 삶에 적용을 해볼 수 있도록 할 것이다. 그리고 그 배움을 일의 영역인 비즈니스, 광고, 서비스 등으로 확장해서 적용해 보는 방식으로 훈련을 해볼 것이다.

일상 생활에서도 계속 이러한 훈련을 해보기를 권장한다. 길은 한두 번 다닌다고 나지 않는다. 같은 길로 계속 걸어야 풀숲이 길이 되듯 아이디어도 일할 때 뿐만 아니라 일상에서도 꾸준히 훈련해야 잘 낼 수 있게 된다.

3단계 | 창의 습관 자동화

'지속하기'를 계속 밀어붙여 아이디어가 샘솟는 단계를 거치면 이제는 놀라운 경험을 하게 된다. 새로운 아이디어를 내는 일을 즐기고 있는 자신을 발견하게 되는 것이다. 아이디어도 습관이다. 아이디어를 내는 것이 좋고 싫고를 떠나 어떤 자극이 오면 바로 새로운 아이디어가 떠오르는 경지까지 가기 위해서는 이 단계가 매우 중요하다.

새로운 아이디어를 도출하는 다양한 방법을 하나씩 익히는 것은 팔, 다리의 근육 각 부분들을 단련하는 것과 비슷하다. 그 근육들을 단련해 체력이 전체적으로 좋아지고 나면 질병에 대한 저항력도 높아지고 일상에서도 지치지 않아 삶의 질이 높아진다. 마찬가지로, 창의 근육을 키우고 나면 뇌가 달라진다. 이제 새로운 길을 개척하는 데에 망설임이 사라지고, 평범한 것보다는 비범한 것을 선택하고, 저항하고 실험하기를 주저하지 않게 된다. 무엇보다 자신이 낸 아이디어를 무시하지 않고 스스로에게 열렬한 지지자가 된다.

이 '자동화' 단계를 넘어서면 창의 근육이 만들어져서 창의를 업무나 일상에 활용하기 시작하는 단계로 나아갈 수 있다. 훈련할 때처럼 매일매일 창의를 실행하지 못한다 하더라도 한 번 습득하고 나면 언제든 다시 활용할 수도 있고, 배운 것을 수정하고 응용하면서 새로운 실험들을 거듭할 수 있을 것이다. 그리고 어느새 아이디어 내는 일을 즐기고 있는 자신을 발견하게 될 것이다.

그럼 지금부터 60일간의 브레인 피트니스를 하나씩 시작하겠다. 브레인 피트니스는 크리베이트에서 제작한 60장의 아이디어 카드● 중 쉽게 따라할 수 있는 20장의 카드를 골라 구성했다. 10장은 각 5일씩 진행하고, 각 5일이 끝날 때마다 카드를 1장씩 더 추가해 1일을 더 진행하는 방식으로 총 60일을 진행한다.

매일매일 미션을 수행할 때 너무 막막해서 어떻게 시작해야 할지 갈피를 잡기 어렵다면 뒤쪽 부록에 있는 팁(Tip)을 참고하자. 하지만 팁은 또 하나의 생각을 보여주는 것일 뿐 정답은 아니다. 중요한 것은 각자가 만들어가는 해답이다.

● 아이디어 카드 Idea Card 란, 생각을 여는 데에 도움이 되는 방법들을 담은 카드이다. 창의적인 아이디어를 좀 더 잘 낼 수 있도록 하는 습관과 마음가짐 Attitude, 실제 아이디어를 내는 구체적인 방법 Method, 낸 아이디어를 굳건히 지켜낼 수 있도록 돕는 독려 Encouragement 의 3가지 카테고리가 있다. 각 카테고리별로 20장씩, 총 60장의 카드로 구성되어 있다. 이 중 20장의 카드는 크리베이트 사이트에서 PDF 버전을 다운로드받을 수 있다.
https://crevate.com/product/idea-card-20/

브레인
연결하기

시작이 반이라는 말이 있다. 그만큼 시작이 쉽지 않다는 의미이다.

시작 단계부터 실패하면 좌절하고 포기하게 될 확률이 높다.

실패를 줄이기 위해서는 가급적이면 뭐든 단순화하는 것이 좋다.

전부 5분 정도면 할 수 있는 아주 쉽고 간단한 과정이니

꼭 눈으로 보고 손으로 직접 쓰면서 시도해 보기 바란다.

매일매일 순차적으로 하나씩 따라 하다 보면

어느새 새로운 뇌가 되어 있을 것이다.

뇌와 몸은 습관이라는 프로그램대로 생각하고 행동하지만,

새로운 경험을 입력하면 뇌와 몸을 새롭게 설계할 수 있다.

크게 심호흡을 한 번 하고 즐겁고 신나고 유쾌한 생각을 떠올려 보라.

지금부터 그 속으로 들어가 신나게 아이디어를 내보자.

STEP 1

뒤집어라

1

첫 번째로 학습해 볼 아이디어 카드는 '뒤집어라'이다.

'발상을 전환해라, 생각을 바꿔봐라, 뒤집어봐라'
아이디어를 내야 할 때 제일 많이 듣는 말들이다.
그런데 무엇을 어떻게 뒤집어야 하는지 막막하다.

뒤집기를 하려면 가장 먼저 뒤집을 대상이 있어야 한다.
그 대상은 바로 우리의 고정관념이다.

우리의 고정관념을 부숴버릴 때 뒤집기가 가능하다.
고정관념이 무엇인지 정의하고, 그것을 뒤집어보자.

시간이 갈수록 나이가 들고 노쇠해지는 것이 상식이지만,
오히려 젊어지고 생기있어진다면?
머리를 감으려면 물이 필요한데,
만약 물 없이도 머리를 감을 수 있다면?

뒤집기의 1단계는 고정관념 나열하기,
2단계는 나열한 고정관념 뒤집기,
3단계는 뒤집어서 아이디어 내기이다.

아이디어 내기, 전혀 어렵지 않다.
시작해 보자.

brain
fitness

고정관념
나열하기

어떤 새로운 아이디어를 내볼까?

생각의 루틴 중 하나를 바꿔보자. 아이디어를 낼 때의 가장 큰 걸림돌은 위대하고 거창하고 대단한 아이디어를 내야 한다는 강박이다. 오늘은 그것들을 과감히 부숴보자는 의미에서 날마다 하는 사소한 일상의 행동 중 하나를 골라 아이디어를 내보겠다.

양말을 사용해 보면 어떨까? 우리는 매일 양말을 신는다. '뒤집기'를 활용해 이 양말에 대한 새로운 아이디어를 만들어보자.

먼저, 양말에 대한 고정관념과 기본 속성들을 나열해 보자. 양말은 어떤 것인가? 가급적이면 키워드로 쓰지 말고 '양말은 ○○○이다', '양말을 ○○○한다'처럼 문장 형태로 써보자. 젓가락이 두 짝이듯 양말도 두 짝이다. 양말은 발에 신는다. 어떤 것이든 좋다. 한눈에 알 수 있는 양말의 특징은 무엇인가? 우리는 양말을 어떻게 사용하는가? 양말에 대한 모든 것을 써서 문장으로 만들어보자.

1.

....

2.

....

3.

....

4.

....

5.

....

6.

....

7.

....

8.

....

9.

....

10.

....

고정관념 뒤집기

자, 이제는 어제 적은 양말의 속성들을 뒤집어 보자.

뒤집은 아이디어를 보며 이게 될까? 말이 되나? 따위의 생각이 든다면 날려 버리자. 우리는 그럴싸한 것이 아니라 전에 없던 새로운 것을 만들고 있다. 새로운 것을 많이 만들고 나서 그중 의미 있고 유용하고 그럴싸한 것들을 골라내면 된다.

하나의 고정관념을 여러 각도로 뒤집어봐도 좋다. 아니, 오히려 그러기를 권장한다. 양말은 검정색이라고 적은 것을 보고 뒤집어서 '양말은 흰색이다' 라고 쓸 수도 있다. 그런데 뒤집을 때 한 가지 주의할 점은 뒤집기는 단순히 '반대'가 아니라 '부정'이 핵심이라는 점이다. '양말은 검정색이다'를 부정해서 '양말은 검정색이 아니다'가 되면 생각은 빨간색, 무지개색, 반짝이, 투명색 등 다양한 갈래로 뻗어나갈 수 있다.

1.

2.

3.

4.

5.

6.

7.

8.

9.

10.

day3

이름 붙이기

이제 뒤집어서 나온 것들에 이름을 짓고, 아이디어를 덧붙이자.

꽃은 꽃이라 이름을 불러주었을 때 비로소 의미를 갖는 것처럼 뒤집힌 관점에 이름을 붙이면 그것이 곧 새로운 아이디어가 된다. 이렇게 이름을 붙이면 아이디어를 기억하고 이해하기 쉬울 뿐 아니라 새로운 아이디어를 덧대기에도 좋다. 예를 들어 '모양이 울퉁불퉁한 비정형적인 피자'를 '못난이 피자'라고 이름 붙여주는 순간 꽤 괜찮은 아이디어가 되는 것이다.

1.

2.

3.

4.

5.
   ....

6.
   ....

7.
   ....

8.
   ....

9.
   ....

10.
   ....

∴   **이 중 가장 마음에 드는 양말은 무엇인가? 왜 이 아이디어가 마음에 드는
    가?**

   ....

   ....

   ....

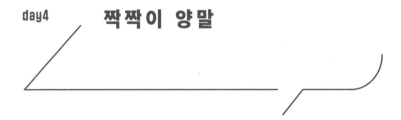

짝짝이 양말

새로운 양말 아이디어를 내봤다면 이제는 직접 몸을 움직일 차례이다. 그래야 학(배움)에서 습(습관)으로 넘어갈 수 있다.

오늘 출근을 하거나 밖에 나갈 때, 짝짝이 양말을 신고 나가보자. 반드시 실천해 보기 바란다. 생각하는 것과 실제로 행동하는 것은 다르다. 매우 다르다. 똑같은 양말을 신어야 한다는 고정관념 따위는 한쪽 구석으로 치워버리자. 색깔이 달라도 좋고, 길이가 달라도 좋다. 짝짝이 양말을 신고 거리를 활보해 보자. 막상 짝짝이 양말을 신고 나서려고 하니 다른 사람의 시선이 두려운가? 살면서 한 번쯤 다른 사람의 시선을 느껴 보는 건 어떨까? 어쩌면 다른 사람들은 아무런 신경도 쓰지 않을 수 있다. 혹시라도 양말이 짝짝이라는 것을 눈치챈 사람이 짝짝이 양말을 신은 이유를 묻는다면 숙제라서 어쩔 수 없었다는 변명을 해도 좋다. 그 변명으로 마음이 조금이라도 편해질 수 있다면.

중요한 것은 실천하는 것이다. 실천해 보면 알게 될 것이다. 내가 양말을 짝짝이로 신는다고 하늘이 두 쪽 나는 일은 없다는 것을. 머리로 아는 것은 소용이 없다. 몸으로 행하고 직접 느껴야만 한다.

∵ 어떤 양말끼리 짝짝이로 신었는가?

....

∵ 짝짝이 양말을 신기 전에는 어떤 느낌이 들었는가?

....

∵ 양말을 신고 난 이후에는 어떤 느낌이 들었는가?

....

∵ 다음 번에는 어떤 새로운 시도를 해보고 싶은가?

....

....

∵ 오늘 하루 짝짝이 양말을 신고 브레인 피트니스를 몸소 실천한 스스로를 칭
찬해 주자.

.... (아/야),

.... 한 것을 칭찬해.

day5 　 # 새 로 운 생 일

이번에는 나의 생일에 대한 아이디어를 뒤집어서 생각해 보자.

생일 하면 무엇이 생각나는가? 생일 축하 노래, 케이크, 생일 선물, 미역국 등

이 떠오를 것이다. 생일 하면 떠오르는 이미지가 각자 다르겠지만 어쩌면 모

두 비슷할 수도 있다. 매해 돌아오는 나의 생일을 색다르게 보낼 수 있는 새로

운 아이디어를 떠올려 보자.

∵　**생일에 대한 고정관념과 일반 상식을 문장으로 나열해 보자.**

∵ **이를 뒤집어 본다면?**

∵ **이를 아이디어로 연결시켜 본다면?**

∵ **가장 마음에 드는 아이디어는 무엇인가?**

돌아오는 생일에 한 번 실천해 보는 것은 어떨까?

세상에서 가장 특별한 날을 세상에서 가장 특이한 날로 바꿔보자.

'뒤집어서 생각하기'는 쉽지만 아주 강력한 방법이다. 뒤집기를 할 때 주의할 것은 반대가 아니라 부정을 해야 한다는 것이다. 철학의 출발도 '부정'이다. 새로운 세상은 기존에 존재하던 것 위에서 만들어지지 않는다. 기존의 것들을 부수어야 한다. 뒤집기는 기존의 것을 부수는 생각의 망치이다. 창의적으로 생각한다는 것은 생각의 폭을 넓히는 일이다. 뒤집고 부정하면 그 밖에 있는 모든 것들이 가능성으로 열리기 때문에 생각을 쉽게 확장할 수 있다. 경계를 파괴하는 힘, '아니다'의 힘을 제대로 느껴보자.

킬러를 제거하라

2

킬러를 제거할
무기 제조

아이디어는 연약해서 찡그린 얼굴, 하품, 비웃음, 팔짱 낀 태도에도 쉽게 죽어버린다. 나의 아이디어를 가차없이 죽여버리는 아이디어 킬러를 제거해야 한다. "제가 그거 벌써 해봐서 아는데요", "그거 이미 다른 데에서 하는 거잖아요." 아이디어 킬러들이 입에 달고 사는 말이다. 어떻게 이들의 입을 막을 수 있을까? 크리베이트의 'Yes, But' 스티커처럼 이제 나만의 무기를 만들어 보자.

∵   **내가 아이디어를 낼 때마다 내 아이디어를 죽이는 킬러는 누구였는가?**

....

∵   **내가 아이디어를 냈을 때 그 킬러들은 무슨 말을 했던가?**

....

∵   **평소에 킬러가 위와 같은 말을 했을 때 나의 반응은 어땠는지 적어보자.**
    표면적으로는 아무 반응도 못했더라도, 내 머릿속에서는 격렬한 반응이 있
    었을 수 있다. 자세히 적어보자.

⋰ 이러한 나의 반응을 어떻게 바꾸고 싶은지 여러 개를 적어보자. 단순한 바람뿐만 아니라 구체적인 행동, 구체적인 말을 적어보자.

⋰ 위와 같이 반응했을 때를 상상해 보자. 가장 벅차오르는 반응은 무엇인가? 가장 마음에 드는 반응을 골라서 그것에 이름을 붙여보자.

축하한다. 이제 당신은 아이디어 킬러에 맞서 싸울 무기를 갖게 되었다.
누군가 가차 없이 나의 아이디어를 죽이려고 할 때 잊지 마라.
아이디어 킬러에 맞서 싸울 멋진 무기가 있다는 사실을. 그리고 그 무기를 써보자.
킬러의 반응에 맞서는 나를 상상하면서 킬러와 맞서 싸운 나를 칭찬해 주자.

킬러와 맞서 싸운

(아/야),   한 것을 칭찬해.

브레인
지속하기

축하한다. 1단계를 통과했다.

하루에 한 번씩 작은 성과를 느낀 사람도 있을 것이고, 이것도 못 해낸다는

생각에 스스로 실망을 느낀 사람도 있을 것이다. 하지만 이제 시작이다.

벌써 뇌가 좀 말랑해진 것 같다는 기분이 들 수 있지만, 자만은 금물이다.

이 상태를 유지하면서 꾸준함을 발휘해야 비로소 내 것이 된다.

한두 번 빼먹고 매일매일 하는 데에 성공하지 못했더라도 스스로를 믿고

매일 꾸준히 연마하면 되니, 좌절도 금물이다.

1단계를 마친 사람이라면 이제 2단계를 지속하면서 새로운 아이디어를

떠올리는 것이 점점 더 쉬워질 것이다. 천 리 길도 한 걸음이 중하고,

꾸준함이 비범함을 만든다. 계속 정진하자.

STEP2

엉뚱하게 연결하라

3

이번에 시작할 아이디어 카드는 '엉뚱하게 연결하라'이다.

연결하기는 나에게 없는 것을 다른 것에 연결해서 생각을 확장하는 방법이다. 나에게 없다면 남에게서 빌려오면 된다. 연결하기는 생각을 확장할 때 사용하는 가장 보편적인 방법이다.

연필과 지우개가 만나면? 지우개연필. 여기까지는 쉽다.

맥도날드와 병원이 만나면? 피에로 분장을 한 의사, 세트 메뉴가 있는 병원.

서로에게 없는 속성끼리 연결하는 것도 좋다.

그런데 우리는 '맥도날드 햄버거를 먹고 살이 쪄서 비만에 걸려 병원에 간다'
처럼 무언가를 연결할 때 인과관계로 연결하려는 습관이 있다. 하지만 눈에
보이지 않는 속성을 연결해 '맥도날드처럼 빠르게 수술하는 병원'을 떠올릴
수 있다면 이미 연결의 달인이다.

눈에 보이는 것뿐 아니라 눈에 보이지 않는 부분까지 꺼내어 연결할 때 좀 더
다양한 아이디어를 낼 수 있다. 그리고 너무 비슷한 것끼리는 공통점이 많아
서 연결시킬 거리가 많지 않을 수 있다. 오히려 꽤 멀리 떨어져 있는 것들을
연결시키면 이외로 재미난 아이디어를 많이 생각해 낼 수 있다.

연결하기의 1단계는 연결할 대상 찾기,
2단계는 그 대상의 속성이나 고정관념을 나열하기,
3단계는 나열한 속성과 처음 아이디어를 낼 키워드를 연결하기,
4단계는 연결해서 아이디어 내기이다.

아이디어 내기, 전혀 어렵지 않다.
시작해 보자.

day7 / 연결할 대상의 고정관념 나열

최근에 극장에 간 적이 있는가?

극장에서 영화보는 사람들이 많이 줄었다고 하는데, 이를 극복할 새로운 극장 아이디어를 내보자. 더 좋은 영화 개봉하기, 더 맛있는 팝콘 만들기도 좋지만 이번에는 엉뚱한 연결을 통해 아이디어를 내보겠다. 편의점 삼각김밥을 극장과 연결해서 새로운 극장 아이디어를 만들어보자.

먼저, 극장과 연결해 볼 대상을 삼각김밥으로 정했으니 이제는 삼각김밥의 속성, 고정관념을 나열해 보자. '삼각김밥은 ○○○이다', '삼각김밥은 ○○○한다'처럼 문장으로 최소 10개는 써보자.

삼각김밥의 속성을 썼다고 극장 아이디어가 바로 나오기를 기대하지는 말자. 우리는 차근차근 단계를 밟아서 사고하는 훈련 중이다. 하루에 하나씩 단계를 밟다 보면 일주일 안에 멋진 아이디어를 만들 수 있다. 마음을 느긋하게 갖자.

1.

2.

3.

4.

5.

6.

7.

8.

9.

10.

day8

고정관념
연결시키기

자, 이제는 삼각김밥의 속성들과 처음에 내려고 했던 극장에 대한 아이디어를 연결해 보자. 삼각김밥에서 삼각형이라는 속성을 가져오면 극장은 삼각형 모양의 극장이 된다. 이것처럼 어제 나열해 본 삼각김밥의 속성을 연결해 새로운 극장을 떠올려보자.

1.

2.

3.

4.

5.

6.

7.

8.

9.

10.

연결할 때 '이건 말도 안 돼!'라는 생각이 들어도 꾹 참아야 한다. 예를 들어 삼
각김밥이 비닐로 포장되어 있다는 속성을 활용해 비닐로 된 극장을 떠올릴 수
있다. 극장이 비닐이라면 비라도 오면 어떻게 하나? 눈이 오면? 같은 생각에
비닐 극장을 아이디어로 적지 않고 버리고 싶어질 수 있다. 꾹 참고 일단 연결
한 것들을 적어보자.

아이디어
다듬기

연결해서 나온 아이디어가 마음에 들면 이름을 지어도 되고, 아직 마음에 들지 않는다면 조금 더 말이 되도록 다듬어도 좋다. 예를 들어 '비닐로 된 극장'에 영 마음이 불편하다면 '프라이빗하게 커플들만 들어갈 수 있는 이글루 돔 모양의 비닐로 된 극장'처럼 처음 나온 아이디어에 살을 붙이자. 마음에 드는 아이디어라면 바로 이름을 붙여줘도 된다.

1.
　

2.
　

3.
　

4.

5.
....

6.
....

7.
....

8.
....

9.
....

10.
....

∴ **가장 마음에 드는 극장 아이디어는 무엇인가?**

....

....

....

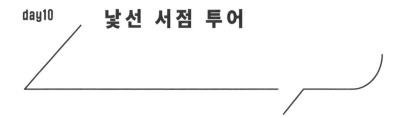

day10 **낯선 서점 투어**

연결하기는 내가 가지고 있지 않은 것을 빌려와 나를 확장시키는 것이라고 했다. 이걸 알았으니 직접 몸을 움직여보겠다. 이번에는 서점에 가서 '엉뚱하게 연결하기'를 연습해 보자.

서점에서 평소라면 절대로 들르지 않는 책 코너에 가서 아무 책이나 집어보자. 절대 열심히 고르지 말고 그냥 손에 잡히는 대로 집어 들자. 그리고 책의 목차와 서문을 찬찬히 읽어보자. 무슨 말인지 몰라도 된다. 그냥 읽어내려 가자.

∵ **어떤 책 코너에 갔는가?**

∵   어떤 책을 골랐는가? 책의 제목은 무엇인가?

....

....

....

∵   목차와 서문을 보고 어떤 생각이 떠올랐는가?

....

....

....

....

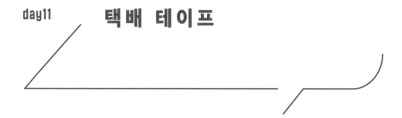

택배 테이프

day11

엉뚱하게 연결해서 생각하는 연습을 해보자. 사람들이 가장 흔히 접하는 것 중 하나가 택배이다. 이번에는 택배 상자가 아닌 택배 테이프에 대한 새로운 아이디어를 내보겠다. 택배 테이프와 무엇을 연결시킬까? 경찰서를 연결시켜 보자. 택배 테이프는 놔두고, 경찰서를 먼저 떠올려 보자.

∵ **경찰서는 어떤 곳인가?**

....

....

....

∵ **경찰서에서는 어떤 종류의 일들이 일어나는가?**

....

....

....

∵ **어떤 사람들이 있는가?**

....

....

∵ 연결할 아이디어가 곧바로 떠올랐더라도 습관을 만들기 위한 차원에서 앞서 배운 방법들을 되새겨 보자.

먼저 경찰서에 대한 고정관념부터 나열해 보자.

....

....

....

....

∵ 이를 택배 테이프와 연결해 본다면?

....

....

....

....

∵ **연결시킨 아이디어를 좀 더 다듬어 이름을 붙여보자.**

∵ **이 중에서 가장 마음에 드는 아이디어는 무엇인가?**

엉뚱하게 연결하기
마무리

그냥 '연결하기'가 아니라 왜 '엉뚱하게 연결하기'일까?
연결해서 아이디어를 낸다는 것은 나에게 없는 것을 다른 것에
서 빌려와 새로운 아이디어를 낸다는 의미이다. 비슷한 속성을
가진 것들은 공통점이 많아서 새롭게 연결할 거리가 많지 않지
만 아주 다른 속성을 가진 것들은 겹치는 부분이 별로 없어서
오히려 연결해 볼 거리가 더 많다. 그래서 그냥 '연결하기'가 아
니라 '엉뚱하게 연결하기'를 해보았다. 누군가를 만나더라도 아
주 다른 성향의 사람을 만났을 때 나의 변화 가능성이 더 커진
다. 아이디어를 내는 일도 비슷하다.

하던 대로 하지 마라

4

brain
fitness

평소에 절대 하지 않던 짓 해보기

사람들은 언제나 자기 경험 안에 머무른다. 자기가 본 가장 큰 것을 세상에서 가장 크다고 여기고, 자기가 본 가장 작은 것을 세상에서 가장 작다고 여긴다. 하지만 정말 큰 것에는 바깥이 없고, 정말 작은 것에는 안이 없다. 경험으로부터 얻은 상식을 부수어야 새로운 것을 찾을 수 있다. 익숙한 것에 이별을 고하자. 매일 아침 다른 방식으로 출근해 보자. 어제 버스를 탔다면 오늘은 지하철을 타고 내일은 걸어보자. 새로운 방식으로 바라보면 생각지 못했던 것들이 떠오를 것이다.

∵ **평소에 내가 늘 습관처럼 하는 것들이 무엇인지 적어보자. 습관은 이미 머리가 아닌 몸이 익은 것이어서 생각이 잘 나지 않을 수도 있다. 내가 늘 똑같이 반복하는 것들을 적어보자.**

✻ 이 중 딱 하나를 정하고 오늘은 마음먹고 바꿔보자. 무엇을 바꾸겠는가?

....

✻ 바꾸기 전에 그 일을 떠올렸을 때는 어떤 느낌이 들었는가?

....

....

✻ 바꾸고 나니 어떤 느낌이 들었는가?

....

....

✻ 다음 번에는 어떤 새로운 시도를 해보고 싶은가?

....

....

축하한다. 이제 당신은 평소와 다른 것을 하는 재미를 알았다. 머리를 잘랐을 때 알아봐 주는 사람이 있다면 반가울 것이다. 평소 나의 모습을 눈여겨봤다는 증거이니까. 그런데, 평소 자기 스스로를 눈여겨보는 이들은 많지 않다. 평소와 다른 시도를 하면 평소 내가 무엇을 어떻게 해왔는지 알아차릴 수 있다. 그것을 알아차리고 다른 시도를 한다면 작은 기쁨을 얻을 수 있다.

'하던 대로 하지 마라'는 남의 변화는 알아채지만 정작 나에게는 무관심한 사람들을 위한 처방전이다. 하던 대로 하지 않으려고 애써보자. 거창할 필요는 없다. 매번 음식에 참기름을 넣는 사람이었다면 이번에는 깨소금을 그냥 갈아서 넣어보자. 더 진한 고소함을 느낄 수도 있다.

그렇게 새로운 시도를 한 나를 칭찬해 주자.

새롭게 시도한 ....(야/아),

.... **한 것을 칭찬해.**

확대하라

5

이번에 실행할 아이디어 카드는 '확대하라'이다.

흔히들 넓게 생각하라, 깊게 생각하라는 말을 하지만 평소에 그러지 않다가 갑자기 넓고 깊게 생각하기란 쉽지 않다. 근육을 발달시키기 위해서는 반드시 스트레칭을 해야 한다. 창의 근육도 마찬가지다. '확대하기'나 '축소하기'로 준비 운동을 하듯 브레인 스트레칭을 먼저 하면 훨씬 유연하게 아이디어를 낼 수 있다.

그럼 어떻게 생각을 확대할 수 있을까? 확대라고 해서 꼭 커지는 것만 생각할 필요는 없다. 더 커질 수도 있지만 더 세질 수도 있고, 더 강해질 수도, 더 오래 지속될 수도 있다. 나의 작은 아이디어가 우리나라 안에서는 사소할 수 있지만 전 세계로 무대를 확대하면 달라질 수 있다. 내가 지금 하는 일을 하루, 한 달이 아니라 평생 한다고 생각하면 다른 이야기가 될 수 있는 것이다.

브레인 피트니스의 진가는 이럴 때 발휘된다. 쉬운 것처럼 생각되지만 막상 해보려니 쉽지 않을 때 나를 돕는 무기가 된다. 확대하기의 디딤돌은 '비교' 이다. 확대하려고 할 때 비교 대상이 있으면 상상하기가 더 쉽다. 어떤 것보다 더 크고 어떤 것보다 더 많을지 생각하고, 그 비교 대상을 점차 늘리는 방식으로 생각을 확대해 나가자.

비교 대상을 정하려면 비교할 수 있는 기준이 있어야 한다. 크기가 커지는 것인지, 속도가 빨라지는 것인지, 수량이 많아지는 것인지, 빈도가 잦아지는 것인지 등 기준이 있어야 한다.

시간, 세기, 무게, 온도, 압력 등 기준으로 삼을 만한 것을 정하자. 그리고 대상을 나열해 아이디어를 완성해 보자.

확대하기의 1단계는 확대의 기준을 정하는 것이다.

2단계는 정한 기준에 따라 비교할 대상을 나열하고,

3단계는 그 대상들을 비교해서 아이디어를 완성하는 것이다.

아이디어 내기, 전혀 어렵지 않다.

시작해 보자.

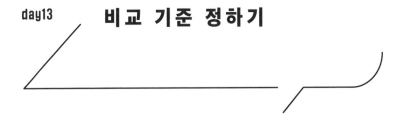

비교 기준 정하기

'허그'를 한 번 자세히 들여다보자.

허그란 두 사람이 팔을 얼싸안는 행위를 의미한다. '친밀하다', '사랑한다', '위로한다', '지지한다'는 것을 몸으로 표현하는 행위이다.

허그는 보통 두 사람끼리 하는 행위이지만 이를 더 크게 만들어보자. 세 사람이 하는 허그, 네 사람이 하는 허그가 떠오르는가? 또 어떤 다른 허그가 떠오르는가? 먼저 기준을 정해보자.

허그를 더 크게 할 수도 있고 더 빨리, 더 많이 할 수도 있다. 그렇다면 문장 형태로 '허그를 더 크게 한다', '허그를 더 빨리 한다', '허그를 더 많이 한다'처럼 '허그를 더 ○○○한다'라는 문장을 만들어보자. 허그를 크게 만든다는 의미는 다양하게 해석해 볼 수 있다. 기준을 정함으로써 아이디어가 확장될 수 있는 변곡점을 여러 개 만드는 것이다.

1.

2.

3.

4.

5.

6.

7.

8.

9.

10.

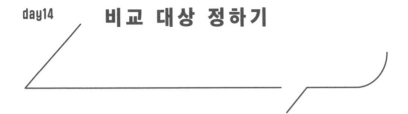

비교 대상 정하기

day14

허그를 어떤 기준으로 넓힐지를 정했다면 이번에는 그 넓힌 것을 비교할 대상이 있어야 한다. 대상이 있다면 훨씬 수월하게 아이디어를 만들 수 있다.

어린시절 내가 엄지공주만큼 작아진다면? 나의 콩나무가 잭의 콩나무처럼 커진다면? 하고 쉽게 상상의 나래를 펼친 것처럼, 비교 대상만큼 혹은 비교 대상보다 더 크게 만들어보자. 비교 대상이라는 기준을 딛고 새로운 상상력을 펼치면 된다. 만약, 허그의 크기로 기준을 정했다면 무엇보다 커지면 좋을까? 허그가 팔보다 크다면? 또 어떤 것들이 비교 대상으로 떠오르는가?

사람보다 커진다면? 집보다 커진다면? 건물보다 커진다면? 도시보다 커진다면? 우주보다 커진다면? 이렇게 질문 형태로 적어보자.

상상의 나래는 끝이 없다. 허그를 더 빨리 한다면? 허그를 더 많이 한다면? 기준에 따라 비교 대상도 달라진다. 기준과 비교 대상을 정하는 것은 상상력의 디딤돌을 놓는 작업이다.

1.

2.

3.

4.

5.

6.

7.

8.

9.

10.

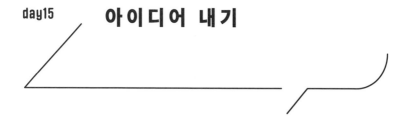

day15

아이디어 내기

기준과 비교 대상을 정했다면 어제 낸 질문을 보고 떠오른 아이디어를 내면 된다.

허그가 지구보다 커질 수 있을까?

이성의 끈은 잠시 놓아두자.

어떻게 허그가 지구보다 커질 수 있냐며 말도 안 된다고 생각할 수 있다. 하지만 상상력의 세계에서 안 되는 일은 없다. 어떻게 되게 할 수 있을까?

지구에 있는 모든 사람들이 양팔 벌려 허그를 한다면 가능하지 않을까?

지구본을 안는다면 가능하지 않을까?

뭐든 가능하다는 전제 하에 아이디어를 내보자.

∴ **가장 마음에 드는 아이디어는 무엇인가?**

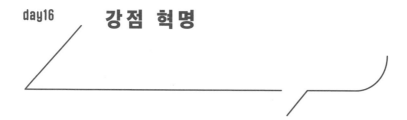

강점 혁명

앞서 배운 대로 확대하기 아이디어를 내는 방법을 나에게 적용해 보자. 나는 어떻게 커질 수 있을까? 나의 무엇이 커져야 되는 것일까? 나의 키가 커져야 하는 것일까? 나의 잠재력? 나의 꿈? 나의 집?

나의 강점을 확대하는 것은 어떨까? 이제 나를 확장해 보겠다.

'강점혁명'이라는 것도 있다. 강점혁명이란 누구에게나 장점도 있고 단점도 있는데, 단점을 극복하려고 애쓰는 시간과 에너지를 차라리 장점을 더 극대화하는 데 쓰는 것이 효과적이라는 미국의 심리학자 도널드 클리프턴의 주장이다.●

클리프턴이 30년 간 200만여 명의 사람들을 연구한 결과, 모든 사람은 고유한 강점을 가지고 있으며 이러한 강점을 잘 개발하면 모두 개인적·직업적 성공을 거둘 수 있다고 한다. 우리의 강점이 처음부터 강점이었던 것은 아니다. 강점을 파악해 지속적으로 활용하고 성장시킬 때 강점은 진정 강해진다. 하지만 자신의 강점을 잘못 인식하거나 과소평가하는 이들이 많다. 다른 사람들이 나를 어떨 때 주로 칭찬해주었는지, 나는 어떤 일을 할 때 시간 가는 줄 모르고 즐겁게 몰입해서 하는지 떠올려보자.

●　　《위대한 나의 발견 강점혁명》, 도널드 클리프턴, 마커스 버킹엄, 청림출판, 2005.9.

∵ 나의 강점은 무엇일까? 친절, 공감 능력, 회복탄력성, 정직, 성실, 긍정, 책임감, 협업 능력, 소통 능력, 시간관리 능력, 설득력, 분석력, 판단력, 용기, 결단력, 리더십, 평정심, 호기심, 유머, 지혜, 인내력, 열정 등 다양한 나의 강점을 떠올려 보자.

....

....

∵ 나를 확장하는 측면에서 기준을 나의 강점이라고 잡았다면
이제 비교 대상을 정해보자. 나의 강점은 어떤 것보다 커질 수 있을까?

....

....

∵ 각각의 비교 대상보다 더 큰 나의 강점을 아이디어로 만들어보자.

....

....

day17

밀리언달러 홈페이지

무언가를 키워야 한다고 생각하면 이미 크기가 큰 것들을 먼저 생각하게 된다.

하지만, 아주 작은 것부터 시작해보자.

컴퓨터의 1픽셀도 키울 수 있을까?

2005년 영국의 알렉스 튜는 '밀리언 달러' 홈페이지를 만들었다. 가로 1000 픽셀, 세로 1000픽셀로 총 100만 픽셀의 사이트를 만들어 1픽셀당 1달러에 판매했고, 이를 전부 판매해 5개월 만에 100만 달러를 벌었다.

1픽셀은 그 자체로는 아주 작지만, 상상력을 더해 완전히 다른 가치를 만들어 냈다.

∵ **나에게 있어 아주 작은 '1픽셀'은 무엇인가?**

∵ 그것을 어떻게 키워볼까? 먼저 물리적으로 크기를 키울 것인지, 가치를 더 높일 것인지, 빈도를 높일 것인지, 속도를 더 빠르게 할 것인지 기준을 정하자.

∵ 그 기준에 따라 비교할 대상을 정한다면? 순차적으로 나열해 보자.

∵ 그 대상을 보고 새로운 아이디어를 떠올려 본다면?

확대하라
마무리

근육도 스트레칭을 통해 유연해지고 강화되듯, 창의력도 브레인 피트니스를 통해 확장되고 발달된다. 뭐든 극단적으로 늘리는 상상을 하는 것은 삶을 살아갈 때도 유용하다. 기분 나쁜 말을 듣고 즉각적인 반응을 할 수도 있지만, 1초 후의 나의 반응, 1시간 후, 1년 후, 10년 후, 100년 후 나의 반응을 순차적으로 생각해 보면 지금 겪고 있는 이 감정은 작은 먼지 조각일 뿐이라는 사실을 알아차릴 수 있다. 물론, 감정을 알아차린다고 바로 변화할 수 있는 건 아니지만 최소한 알아차리고 나면 다른 것을 상상할 수 있고 상상하면 달라질 수 있다. 격한 감정에 처달았을 때 하늘을 보고 1시간 후, 1년 후, 10년 후로 시간을 순차적으로 확대해 보며 내 감정이 어떻게 변할지 상상해 보자. 브레인 피트니스의 놀라운 효과를 일상 속에서도 크게 느낄 수 있을 것이다.

아이처럼 보라

6

brain
fitness

아이처럼 생각하고 말하는 우가타 우가타

피카소는 '나는 어린아이처럼 그리게 되는 데에 평생이 걸렸다'라는 말을 남겼다. 어른들은 케이크가 집채만 하게 될 수 없고 나뭇잎이 배가 될 수 없다는 것을 너무나 잘 안다. 하지만, 아이들은 자유롭게 상상하며 생각하고 표현한다. 어린 시절의 자유로운 상상력은 성장하면서 점점 규율, 도덕, 법의 틀 속에 갇히게 된다. 사회성은 얻지만 호기심은 잃어버린다.

순수했던 아이 시절로 돌아가보자. 아이처럼 행동할 수는 없겠지만 아이처럼 자유롭게 상상해 보자. 오늘 우리는 어린 아이로 돌아가 볼 것이다.

아이들은 자신만의 단어를 만들어 낸다. 오늘은 스스로를 아이라 생각하고 아기가 말하는 것처럼 아무런 뜻이 없는 음성으로 단어를 만들어볼 것이다. 예를 들어 '기쁘다'는 단어를 '우가타'라 정해보는 것이다. '타가우'든 '가타우'든 상관 없다. 아무도 모르는 나만의 기쁨을 표현하는 단어를 만들면 된다. '퐁퐁'은 사과, '무부포'는 선생님. 아무렇게나 정해도 상관없다. 중요한 건 내가 만들어야 한다는 것이다.

∵   내가 하루를 살며 가장 많이 쓰는 단어를 떠올려보자. 무엇인가?

....

∵   그 단어를 아이의 말로 바꿔보자.

....

∵   아이의 말로 바꾼 단어를 소리내어 읽어보자.
    오늘 하루 동안 이대로 바꿔 말하며 살아보자.
    그 단어들로 하루를 살았을 때 느낌이 어땠는지 적어보자.

....

어른이 아이처럼 되기는 쉽지 않다. 오죽했으면 니체는 어린아이의 단계를 인간의 가장 이상적인 모습인 '초인(Übermensch)'으로 제시하면서 낙타와 사자의 단계를 거쳐 최종적으로 이르는 단계라고 했겠는가. 아이의 모습을 간직할 수 있다면 기존의 가치관이 아닌 스스로의 가치관을 정립할 수 있게 된다. 새로운 것을 더욱 잘 창조할 수 있다. 이제 아이가 된 나를 칭찬해 보자.

아이 같은 순수함과 호기심을 가진 .... (아/야),

.... 한 것을 칭찬해.

축소하라

7

이번에 실행할 아이디어 카드는 '축소하라'이다.

확대를 해봤으니 축소는 한층 더 쉬울 것이다. 축소하라 역시 창의 근육을 스트레칭하는 아주 좋은 방법이다. 어떻게 생각을 축소할 수 있을까? 확대하기와 원리는 같다. 꼭 작아지는 것만 생각할 필요는 없다. 더 작아질 수도 있고, 더 짧아질 수도 있고, 더 약해질 수도, 더 느려질 수도, 더 싸질 수도 있다.

하지만 막상 축소하기를 적용해 아이디어를 내기는 쉽지 않다. 확대하기나 축소하기 같은 방법이 좋은 건 알지만 현실적으로 어렵게 느껴질 것이다. 아주 크게 만들거나 아주 작게 만드는 것은 과학이나 기술의 영역이고, 나는 잘 모르기 때문에 안 된다는 생각부터 먼저 들기 쉽다. 하지만 기술 이전에 상상력이 있다. 먼저 상상해야 만들 수도 있다. 커피가 캡슐만 해지는 것도, 손톱만 해지는 것도 일단 상상하면 기술은 어떻게든 따라오게 되어 있다. 시간이 걸리더라도 말이다.

축소하기도 확대하기와 생각하는 방법은 비슷하다. 먼저 기준을 정하고, 비교할 상대를 정하면 된다. 축소하라고 했을 때 먼저 어떤 것보다 더 작게 할지, 약하게 할지, 낮게 할지, 느리게 할지 등의 기준부터 생각하고, 작다면 어떤 것보다 얼마나 더 작은지 그 비교 상대를 나열하며 점차 줄이는 방식으로 생각을 축소해 나가면 된다.

축소하기의 1단계는 어떤 기준으로 축소할지 정하는 것이다.
2단계로는 정한 기준에 따라 비교할 대상을 크기별로 나열하고,
3단계는 그 대상들을 비교해서 아이디어를 내는 것이다.

아이디어 내기, 전혀 어렵지 않다.
시작해 보자.

비교 기준 정하기

이번에는 비즈니스 아이디어를 내보겠다. 새롭게 떠올려볼 아이디어는 갓 볶은 신선한 커피콩을 갈아서 판매하는 원두 비즈니스 아이디어이다.

원두의 어떤 면을 갖고 아이디어를 내볼까? 가장 쉽게 생각할 수 있는 것은 원두 한 알의 크기이다. 원두가 좁쌀만큼 작아진다면? 엄지손톱만 해진다면? 머리카락만큼 얇아진다면? 이렇게 크기라는 기준을 잡으면 다음 단계에는 그 기준에 따라 비교의 대상을 정할 수가 있다. 원두의 크기라면 부피가 기준이 될 수도 있고, 원두의 신선도나 보관 기간이라면 시간이 기준이 될 수 있다. 그렇다면 문장 형태로 '원두를 더 작게 한다', '원두 보관 기간을 더 짧게 한다'처럼 '원두를 더 ○○○한다'라는 문장을 만들어보자. 어떤 기준이 또 있을까? 생각할 수 있는 모든 기준을 다 떠올려보자. 아이디어를 잘 낸다는 것은 생각을 이리저리 여러 방향으로 잘 전환한다는 것이다. 축소한다고 했을 때 또 어떤 다른 방향이 있을지 궁리해 보자.

1.

2.

3.

4.

5.

6.

7.

8.

9.

10.

비교 대상 정하기

다양한 기준을 생각해 보았다면 이번에는 한 가지 기준을 정하고, 그 기준에 따라 비교할 대상을 정하는 단계이다.

1cm, 1m처럼 정확한 단위일 필요는 없다. 만약 원두의 신선도를 예로 들면 시간이 기준이 될 것이고 다음과 같은 질문을 떠올릴 수 있다.

원두가 얼마 동안이나 신선하게 유지되면 좋을까? 일반적인 기준을 더 극단적으로 줄여보자. 그리고 비교하는 대상을 넣어서 질문 형태로 바꿔보자. 예를 들어 원두를 갈고 난 후 2주 동안 신선하면 어떨까? 2주보다 더 짧은 시간 동안만 신선하다고 하면 어떨까? 시간을 기준으로 비교 단위를 바꿔보자.

1.

2.

3.

4.

5.

6.

7.

8.

9.

10.

아이디어 내기

질문을 떠올렸다면 이제는 그 질문을 바탕으로 생각난 새로운 아이디어를 내면 된다. 꼬리에 꼬리를 무는 생각들을 계속 확장해 나가보자. 예를 들어 '원두를 갈고 난 후 하루 동안만 신선하게 유지되면 어떨까?'라는 아이디어가 있다고 해보자. '기한이 하루라는 것을 어떻게 사람들에게 인식시킬 수 있을까?' 같은 추가적인 질문이 떠오르고 이를 아이디어로 연결하는 것이다.

실제로 브라질의 한 커피 브랜드 'Cafe Pele'는 현지 신문사와 제휴하여 자사 제품이 얼마나 신선한지를 보여주기 위해 그날 아침 신문지로 원두를 포장해서 식료품점과 슈퍼마켓에서 판매하였다. 매일 그날의 조간신문으로 바뀌는 포장지를 통해 얼마나 이 원두가 신선한지를 알리고, 원래 커피와 궁합이 좋은 신문을 서비스로 제공하기까지 한 덕에 시장에서 성공할 수 있었다. 하루라는 제약을 부정적인 시선으로 본다면 '그럼 하루 안에 안 팔린 커피는 버리나?' 같은 생각을 할 수도 있다. 이 생각을 시작으로 '그러면 버려지는 커피는 어떻게 살릴까?'라는 아이디어로 이어갈 수 있다면 창의적인 사람에 한 발 가까워진 것이다. 부정적인 질문이 떠오르더라도 일단은 어떻게 살릴지부터 먼저 생각하자. 어떻게든 아이디어를 살려보자.

....

....

....

....

....

....

∵   **가장 마음에 드는 아이디어는 무엇인가?**

....

....

세계가 100명의 마을이라면

축소하기의 사례로, 《세계가 만일 100명의 마을이라면》이라는 도서 시리즈를 소개하고 싶다. 60억 명이 넘는 인구가 살고 있는 지구를 100명이 살고 있는 마을로 축소해 생각해보는 책이다. 세계가 100명의 마을이라면 50명은 남자, 50명은 여자이고 아시아인은 60명, 아프리카인은 16명, 유럽인은 10명이다. 54명은 도시에서 살지만 46명은 아직도 자연 속에서 평화롭게 살고 있고, 91명은 깨끗한 물을 마시지만 아직도 9명은 그렇지 못하며, 82명은 밤에도 전기를 쓰지만 18명은 깜깜한 밤을 전기 없이 버텨야 한다.

지구의 실제 통계를 이렇게 100명의 사람이 사는 마을로 가정해서 보면 훨씬 더 쉽게 여러 가지 정황들을 이해할 수 있다. 이처럼 축소하기 전략을 직접 써보자.

전 세계를 100명이 살고 있는 마을이라고 가정할 수도 있지만, 내가 가지고 있는 물건을 100개라고 가정하면 신발은 그 중에 몇 개인지, 옷은 몇 개인지 나타내 볼 수도 있다. 내가 가지고 있는 책을 100권으로 가정할 수도 있고, 내가 가지고 있는 연락처를 100개라고 가정할 수도 있다.

∵   무엇을 100개로 줄여볼 것인가?

....

....

∵   그것은 어떻게 구성되어 있는가? 숫자를 나누어 써보자.

....

....

∵   이렇게 줄이고 보니 어떤 느낌이 드는가?

....

....

축소하기를 이해하고 배워도 실제로 그 방법을 직접 실천하고 경험해 보기 전
까지는 그 힘을 온전히 느끼기 어렵다. 하지만 일단 그 방법을 몸소 체험하고
나면 절대 잊지 않게 된다. 그러니 시간이 걸려도 꼭 한 번씩 해 보기 바란다.

day23 새로운 뷰티숍

축소하기는 비즈니스를 할 때에도 매우 유용한 방법이다. 특히 개인이 하는 비즈니스일수록 더 그렇다. 개인이 막대한 자본과 마케팅으로 무장한 큰 기업과 경쟁하려면 차별화된 경쟁력이 필요하다.

남들이 하지 않는 틈새 시장을 포착할 때 축소하기를 쓰면 유용하다. 그래서, 오늘은 축소하기 방법으로 새로운 비즈니스 아이디어를 만들어 보겠다.

키워드는 '뷰티숍'이다. 우리가 아는 뷰티숍은 헤어, 피부 마사지, 화장, 네일 정도가 있다. 이제 축소해서 뷰티숍 아이디어를 내볼 것이다.

앞서 배운 방법들을 되새겨보자. 축소하기 위해 먼저 무엇을 해야 할까? 뷰티숍을 다른 것과 비교할 수 있도록 기준부터 정해야 한다. 'OO보다 더 □□한'에 들어갈 내용을 채워야 한다. 핵심은 '□□한'을 먼저 생각해야 한다는 것이다. 더 짧은, 더 작은, 더 느린 등 기준을 먼저 정한 다음 무엇보다 더 짧은지, 무엇보다 더 작은지 대상을 생각해 보자.

∵ '○○보다 더 □□한' 뷰티숍이라고 할 때 '□□한'에 들어갈 기준을 정해보
자. 어떤 기준으로 할 것인가?

∵ 이제 '○○보다 더 □□한'에서 비교할 대상인 '○○보다'를 채워보자. 예를 들어 무엇보다 더 짧아지면 좋을까? 하나가 아니라 여러 개를 나열해 보자.

....

....

....

....

∵ 어떤 아이디어가 가장 마음에 드는가?

....

....

....

....

축소하라
마무리

축소는 단순히 작게 만드는 것이 아니다. 줄이면 단순해지고,
단순해지면 집중할 수 있다.

성공의 비결은 집중이다. 핵심에 집중하려면 축소하기를 활용
하자. 백 가지 음식을 내놓는 식당보다 한 가지 음식을 내놓는
식당에 대한 신뢰도가 더 높다. 손님이라면 다 아는 이 원리를
식당 주인이 되면 잊는다. 내 가게에 오는 다른 손님을 한 명이
라도 놓칠까 두렵기 때문이다. 많은 것이 주는 가치와 제대로
된 하나가 주는 가치는 다르다. 나는 무엇을 제공하고 싶은지,
무엇을 제공할 수 있을지 생각해 보자. 더도 말고 덜도 말고 딱
하나. 이것 하나만큼은 반드시 만족시키겠다는 것이 무엇인지
생각해 보라.

창의 습관
자동화

축하한다. 2단계도 통과해 이제 3단계까지 왔다. 창의 습관을 잘 실천한

덕에 여기까지 왔다. 이제 이 단계에서는 뇌를 이리 저리 휙휙 돌리는

수준의 습관 만들기를 시도할 것이다.

이 단계에서 가장 경계해야 할 것은 스스로 이미 아이디어를 어떻게 내야

하는지 다 알 것 같고, 이제 아이디어는 잘 낼 수 있다고 과신하는 것이다.

한두 번의 시도로는 습관에 이를 수 없다. 많은 반복으로 뼈에 새겨야

습관이 된다.

아이디어를 내는 일을 숙제처럼 누군가 지시했을 때만 한다는 잘못된

고정관념을 버려야 한다. 가만히 앉아서 주위를 돌아보고 눈에 보이는 것들

을 가지고 놀자. 잘 되는 날, 안 되는 날 가릴 것 없이 매일 잠깐의 시간을 내

새로운 사고의 길을 만들자.

60일이 지나고 브레인 피트니스가 끝난 뒤에도 매일 아침저녁 혹은

매일 점심 때마다 나만의 상상 루틴을 만들어보자.

STEP3

제한을 뒤라

8

brain
fitness

매시간 기록하는
한 단어 일기장

아무런 제약 없이, 자유롭게.

아이디어를 낼 때 흔히 듣는 말이다. 아이디어를 낼 때는 어떤 제약도 두지 않고 마음껏 자유롭게 내야 한다고 하지만, 역설적이게도 제약이 없으면 오히려 아이디어를 내기 더 어렵다. 어디에서 어떻게 시작해야 할지 막막하기 때문이다. 그래서 아이디어를 내기 위해서는 제약을 두어야 한다. 제약의 닻이 내려지면 그때부터 조금씩 시작할 수 있다.

그래서 오늘은 제약을 둬보려 한다. 일기 쓰기에 제약을 둬보자. 일기장은 개인이 일상에서 하는 경험, 생각, 감상 등을 매일매일 기록하는 노트이다. 일기는 대부분 자기 전에 하루 일과를 돌아보고 정리하는 목적으로 쓴다. 일기를 쓰면 좋다는 건 다 알지만 매일매일 일기를 쓰는 것은 쉽지 않다. 그날 있었던 일을 떠올리기도 쉽지 않고, 무엇보다 긴 글을 써야 한다는 부담감 때문에 쓰기가 쉽지 않다.

그렇다면 일기장에 쓰는 글을 줄여보면 어떨까?

한 바닥이 아니라 한 문단이라면?

한 문단이 아니라 한 줄이라면?

한 줄이 아니라 하나의 키워드라면?

이왕 글의 길이를 줄였다면 쓰는 시간도 줄여보자.

하루 단위의 기록이 아니라 아침, 점심, 저녁 식후의 기록이라면?

삼식일장이라는 이름이 어울릴까?

하루 세 번이 아니라 매시간이라면?

일기를 쓸 주기를 정해 알람을 맞추고 그 시간을 압축적으로 표현하는 나의

느낌이나 키워드를 다음 장에 적어보자.

∵ 매시간을 키워드로 기록하는 '키워드 시간장'을 작성해 보자.

시간	키워드
(오전/오후) 시 ~ 시	
(오전/오후) 시 ~ 시	
(오전/오후) 시 ~ 시	
(오전/오후) 시 ~ 시	
(오전/오후) 시 ~ 시	
(오전/오후) 시 ~ 시	
(오전/오후) 시 ~ 시	
(오전/오후) 시 ~ 시	
(오전/오후) 시 ~ 시	
(오전/오후) 시 ~ 시	
(오전/오후) 시 ~ 시	
(오전/오후) 시 ~ 시	
(오전/오후) 시 ~ 시	
(오전/오후) 시 ~ 시	
(오전/오후) 시 ~ 시	
(오전/오후) 시 ~ 시	
(오전/오후) 시 ~ 시	
(오전/오후) 시 ~ 시	

∵   몇 번이나 썼는가?

....

∵   키워드들을 전체적으로 보니 어떤 생각이 드는가?

....

....

....

∵   일반적인 일기를 썼을 때와 비교하면 어떤 차이가 느껴지는가?

....

....

....

순서를 바꾸어라

9

행복해서 웃는 것이 아니라 웃어서 행복해진다고 한다. 웃음과 행복 중 무엇이 먼저일까? 행복하면 웃음이 나오는 것도 맞지만 웃는 것 자체만으로도 뇌에서는 행복감을 느끼게 하는 호르몬인 엔도르핀이 나와서 기분을 좋게 한다.

우리는 늘 똑같은 순서대로 움직인다. 그 순서가 너무 당연해서 순서를 바꿀 생각도 못하고, 순서를 바꾸면 불안해하기까지 한다. 순서는 전후라는 시간적 순차만을 의미하는 것은 아니다. 위와 아래, 좌와 우처럼 아이디어의 순서와 배열을 바꾸기만 해도 새로운 생각을 떠올릴 수 있다.

순서를 바꾸기 위해 가장 먼저 할 일은 순서를 알아차리는 것이다. 그런 다음 순차적으로 진행되는 것들을 뒤죽박죽되도록 섞을 수도 있고 처음과 끝을 바꿔버릴 수도 있다.

특정한 사물이 가진 고정관념을 떠올릴 때 제일 쉬운 것이 시각적 특징이다. 길다, 짧다, 세모 모양이다, 네모 모양이다 같은 물리적인 특성들은 직관적으로 포착되기 때문이다. 그런데 제일 파악하기 힘든 것 중의 하나가 바로 순서나 절차 같은 시간적 특징이다. 왜냐하면 보통은 절차를 생각하면서 하기보다는 무의식적으로 하는 경우가 많기 때문이다. 그래서, 이 순서를 바꾸는 아이디어 방법은 생각보다 쉽지 않다. 하지만 이 역시 하나씩 끊어서 생각하면 어렵지 않다. 그럼 어떻게 하면 순서를 바꿀 수 있을까?

순서를 바꾸기 1단계는 순서를 나열하는 단계이다.
2단계는 나열된 순서를 바꾸기,
3단계는 아이디어 내기이다.

아이디어 내기, 전혀 어렵지 않다.
시작해 보자.

brain
fitness

순서 나열하기

어떤 새로운 아이디어를 내볼까?

카페를 바꿔보자. 여러 면이 있겠지만 이번에는 카페를 이용하는 순서의 측면에서 새로운 아이디어를 내보겠다.

새로운 아이디어를 내는 일이 쉽지는 않다. 흔히들 카페의 새로운 결제 아이디어를 내보라고 하면 음료를 주문하고 결제하는 후불 결제나 반대로 먼저 결제하고 나중에 음료를 받는 선불 결제. 이 두 가지만 떠올린다. 이 두 가지 외에는 무엇이 있을까? 아이디어를 내는 일은 세상에 존재하지 않던 것을 만드는 일이다.

일단 카페에 들어올 때부터 나갈 때까지 카페를 이용하는 순서를 순차적으로 적어보자.

1.

2.

3.

4.

5.

6.

7.

8.

9.

10.

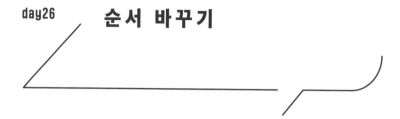

day26 **순서 바꾸기**

자, 이제는 적은 순서들을 바꿔보겠다. 3번과 4번을 바꿔보는 건 어떨까? 바로 앞뒤로 있는 순서들을 바꿀 수도 있고, 1번과 7번처럼 완전히 다른 순서끼리 점프해서 바꿔도 된다. 바꿔서 도저히 말이 안 된다면 그냥 넘겨도 좋다. 바꿨더니 생각지도 못한 것이 떠올랐다면 밀어붙여도 좋다.

와 _____ 를 바꾼다면?

_____

_____

_____

와 _____ 를 바꾼다면?

_____

_____

_____

와 _____ 를 바꾼다면?

_____

_____

_____

아이디어 내기

바꿔서 말이 되도록 아이디어를 다듬고 이름도 붙여보자. 순서를 바꿨더니 새로운 문제가 보인다면 그 문제를 해결하는 아이디어를 덧붙여도 좋다. 아이디어에 이름을 붙이면 아이디어는 더 명확해진다. 이름은 의미를 다시 기억할 수 있도록 직관적인 것으로 짓자.

∵ **카페 아이디어에 이름을 붙여보자.**

_____

_____

_____

_____

_____

_____

_____

∵ **가장 마음에 드는 카페 아이디어는 무엇인가?**

_____

나의 루틴 바꾸기

선주문 아이디어 외에는 도통 떠오르지 않을 줄 알았는데 다양한 아이디어가 떠오르는 것을 경험했을 것이다. 혹시 떠오르지 않았다면 다시 한 번 찬찬히 3일을 거슬러 올라가 생각해 보라. 내가 주문한 음료를 먹는 것이 아니라 앞 사람이 주문한 음료를 받는다면 어떨까? 이 미스터리한 카페에서는 주문하고 음료를 받는 것이 아니라 주문하면 다음 사람이 음료를 마실 수도 있을 것이다. 예측불허의 상황이 설렘을 줄 수도 실망감을 줄 수도 있지만 단조로운 일상에 짜릿한 경험을 선사할 수 있다.

이제는 나의 일상의 루틴을 뒤흔들어 깨워보겠다. 앞서 배운 것처럼 일단 나의 하루를 루틴으로 적어보자. 최대한 자세히 적어보자.

1.

2.

3.

4.

5.

6.

7.

8.

9.

10.

∵ 앞 페이지에 적은 루틴의 순서를 무작위로 섞어도 좋고, 아니면 순차적으로 일어나는 순서를 바꿔도 좋다. 아침에 하던 운동을 저녁에 하거나 저녁에 쓰던 일기를 아침에 쓰는 것도 좋다. 어떻게 일상을 바꿔보면 좋을까?

....

....

....

....

....

....

∵ **그중 가슴이 뛰거나 미소가 지어지는 아이디어가 있는가?**

....

∵   재미를 느끼게 된다면 그것만으로도 충분한 변화의 동기가 된다.
그 아이디어를 이제 실천해 보자.
어떤 느낌이 드는가?

....

....

....

....

∵   다음에는 어떤 시도를 해보고 싶은가?

....

....

....

....

나의 업무 방식 바꾸기

미국 기업 아마존에는 '거꾸로 일하기(Working Backwards)'라는 문화가 있다. 일반적으로는 신제품을 출시하고 론칭할 때 언론에 보도할 보도자료를 쓰고, 제품 출시 후 판매가 시작되면 사람들이 자주 묻는 질문들을 올려두는 것이 흔하다. 그런데 아마존은 달랐다. 제품을 만들기도 전, 새로운 제품의 아이디어가 나오는 순간부터 마지막 단계에서나 준비할 법한 보도자료와 FAQ(자주 묻는 질문)부터 상상해서 쓰고 그 이후에 제품을 개발한다. 이는 아마존의 혁신 메커니즘 중 하나이다. 보도자료의 역할은 사람들에게 제품을 알리는 것이다. 고객의 시선으로 고객이 누릴 가치를 먼저 정의한 다음 이에 맞춰 제품을 설계하는 아마존의 방식은 기존의 제품 중심 사고에서 벗어나 고객 중심 사고로 전환한 방식으로, 그 덕에 아마존의 혁신적인 사업이 가능했다.

자, 이제는 나의 일을 바꿔볼 차례이다.

내가 일을 진행하는 순서를 나열해 보자.

1.

2.

3.

4.

5.

6.

7.

8.

9.

10.

∵   중간 순서인 세 번째와 네 번째 순서를 바꿀 수도 있고,
      처음과 끝을 바꿀 수도 있다. 어떤 순서를 바꿀 것인가?

∵   이 순서를 바꿨을 때 무엇이 가장 걱정되는가?

∵   **그럼에도 순서를 바꾼다면 어떤 이점이 있을까?**

....

....

....

....

∵   **한 번이라도 실제로 이렇게 해볼 수 있을까? 실제로 이렇게 일하면 어떨지 시뮬레이션해 보자.**

....

....

....

....

순서를 바꿔라
마무리

세상은 관계로 이루어져 있고, 관계에는 맥락이 있다. 순서를 바꾼다는 것은 이 맥락을 바꾸는 것이다. 맥락을 바꾸는 일은 쉽지 않다. 우리가 어떤 것에 익숙해진다는 것은 순차적으로 진행되는 절차에 익숙해진다는 뜻이다. 이 절차가 당연시되기 때문에 의식적으로 노력하지 않으면 쉽사리 깰 수가 없다. 그래서, 일부러 순서를 뒤흔드는 훈련을 하는 것이다. 익숙한 세계를 뒤흔들어 새로운 맥락을 만들 수 있기 때문이다.

앞뒤로 붙어 있는 순서뿐 아니라 '확대하라'나 '축소하라'를 동시에 같이 써보면서 현재의 문제를 풀기 위해 현재에 고착되지 말고 과거로 돌아가라. 과거 크레파스를 손에 쥐고 그림 그리기에 심취했던 어린 시절에 중요했던 것이 무엇이었는지 떠올려보라. 생을 마감하기 전 담담히 유언장을 쓰는 미래로 가서 미래에 원하는 것을 떠올려보자. 과거와 미래를 왔다갔다하며 시간의 축을 흔들어보자.

길을 잃어라

10

brain
fitness

day30 길을 잃고 낯선 곳에서 헤매기

여행의 묘미는 어쩌면 길을 잃는 것일지도 모른다. 지도를 보면서 목표지점을 찾아 가려고 하지만 낯선 길을 한 번에 찾기란 쉽지 않다. 지도를 잘못 볼 수도 있고, 가다가 다른 것에 한 눈이 팔릴 수도 있다. 그런데, 그렇게 길을 잃었는데 또 뜻하지 않은 새로운 보물들을 만나기도 하고 길을 잃으며 마주한 새로운 경험이 새로운 자각으로 이어지는 행운을 얻기도 한다. 길을 잃는 것이 오히려 새로운 길의 시작일 수 있다.

윌리엄 퍼킨(William Perkin, 1838~1907)은 말라리아 치료제를 연구하는 화학자였다. 석탄의 연료 효율을 높이기 위해 석탄을 다양한 성분으로 분리·정제하면 검고 끈적끈적한 석탄 부산물이 남게 되는데, 이를 '코르타르'라고 한다. 처음에는 단순한 폐기물인 줄 알았는데 코르타르가 각종 유기화합물의 고농축액이라는 사실이 알려지면서 많은 화학자들이 코르타르를 이용한 새로운 연구에 뛰어들었다.

퍼킨도 그중 한 사람이었다. 말라리아 치료제를 만드는 것을 목표로 실험을 했지만, 실험 끝에 나온 것은 정체모를 불그스름한 가루였다. 그런데, 이 가루가 비단에 염색된다는 것을 관찰하고 '아닐린 퍼플'이라는 이름을 붙였다. 세계 최초의 합성 염료였던 것이다. 그 전에는 염색을 하려면 천연 재료를 활용할 수밖에 없었고 그래서 옷의 색이 신분을 나타낼 만큼 색을 입힌 옷이 비쌌지만, 합성염료 덕에 누구나 색이 있는 옷을 입을 수 있게 되었다.

처음에 개발하려 했던 것은 말라리아 치료제였지만 결국 그 일은 실패했다. 실망하고 좌절하고 돌아설 수도 있겠지만, 그 실험은 염료 개발이라는 전혀 엉뚱한 길을 열었다.

사실 우리에게 꼭 가야만 하는 정해진 목적지란 없다. 길을 잃는 것이 때로는 완전히 새로운 길로 접어드는 시작이 된다.

1800년대의 퍼킨으로 빙의해 보자. 나라면 실험의 실패로 좌절하지 않았을까? 그 좌절로 하던 일을 접어야 하나 고민하지 않았을까? 어떻게 길을 잃어도 초연해질 수 있을까? 길을 잃었을 때 오히려 새로운 길이 열린다는 것을 경험적으로 알 때 가능할 것이다. 그래서, 오늘은 의도적으로 길을 잃어보겠다.

사실 오늘날에는 길을 잃기가 쉽지 않다. 네비게이션이 모든 것을 알려주고 있고, 세계여행 루트도 최대 효율 루트가 있는 마당에 어떻게 길을 잃겠는가? 그러니 일부러라도 길을 잃어보자. 일단 집 앞의 버스 정류장으로 가자. 다가오는 버스 중 3번째 버스를 타고 10번째 정거장에서 내려보자. 만약 그 주변이 내가 잘 아는 곳이라면 좀 더 가보자. 그리고 낯선 곳이라고 생각되면 그곳에서 내리자. 그 주변을 탐색해 보자.

∵   **어디를 다녀왔는가?**

....

....

∵   **그곳에서 무엇을 발견했는가?**

....

....

....

∵   **어떤 느낌이 드는가?**

....

....

....

∵   **어떤 생각이 드는가?**

....

....

....

별 게 없을 수도, 있을 수도 있다. 중요한 건 길을 잃어도 괜찮다는 안도감을 느껴보는 것이다. 불안하더라도 그 불안은 잠깐 우리를 스치고 지나간다는 것을 몸에 새기자. 길을 잃을지도 모른다는 두려움이나 불안감에 주저하지 않도록. 내 몸이 기억할 수 있도록 경험해 보자.

빼라

11

흔히들 새로운 아이디어를 떠올리려면 무언가를 더해야 한다고 생각하지만, 이 역시 고정관념이다. 《어린 왕자》의 저자 생텍쥐페리는 '완벽이란 더 이상 보탤 것이 없는 상태가 아니라 더 이상 뺄 것이 없는 상태'라는 명언을 남겼다. 빼는 것은 혁신으로 가는 지름길이다. 무언가 빠지거나 없어졌을 때 비로소 그 본질에 대해서 다시금 새길 수 있다.

그래서 '빼기'는 오히려 근본적인 것, 혁신적인 것이 무엇인지 고민할 때 유용하다. 가장 중심에 있는 핵심적인 것이 빠졌을 때야만 본질이 무엇이었는지 알게 되기 때문이다.

전자제품 회사 다이슨은 선풍기에서 날개를 없앴다. 선풍기의 본질은 날개가 아니라 바람에 있기 때문이다. 그래서 날개 없는 선풍기가 나올 수 있었다. 줄넘기는 뛰어서 줄을 넘기 위한 물건인데, 줄이 없어도 뛸 수 있지 않을까 하는 발상으로 만든 줄이 없는 줄넘기도 있다. 오히려 줄이 없어서 공간의 제약 없이 줄넘기를 할 수 있다.

빼기는 단순히 더하기의 반댓말이 아니다. 복잡함을 극복하고, 깊은 통찰로 최선의 해결책을 찾으려 할 때 가능한 일이다. 결코 쉬운 일이 아니다. 뺐는데 어떻게 새로운 아이디어가 나올까? 대체 어떻게 빼야 할까? 빼려면 당연히 뺄 거리가 있어야 한다.

그래서 1단계로는 무엇을 뺄지부터 정하기 위해 구성요소를 쭉 나열하고,
2단계에서는 구성요소를 빼서 상상하고,
3단계에서는 아이디어를 나열한다.

아이디어 내기, 전혀 어렵지 않다.
시작해 보자.

구성요소
나열하기

이번에는 빼기를 활용해 비행기를 바꿔보자.

비행기의 형태, 서비스, 가격, 좌석 등 비행기를 둘러싼 여러 가지 요소들이 있을 것이다. 이것들을 한 번 전부 나열해 보자. 비행기를 구성하고 있는 구성 요소는 무엇이 있을까? 형태적인 측면에서는? 이용하는 측면에서는? 서비스 적인 측면에서는? '비행기는 ○○○다'와 같이 문장 형태로 나열해 보자.

1.

2.

3.

4.

5.

6.

7.

8.

9.

10.

day32 / **구성요소 빼서
상상하기**

자, 이제는 이 구성요소들 중에서 절대로 빠지면 안 될 것 같은 것들을 빼서 비행기의 본질을 고민해 보자. 빼고 나서 떠오르는 질문들을 나열해 보자. 뺐을 때 대체할 수 있는 것이 생각날 때까지 써보자. 예를 들어 비행기에서 '엔진'을 뺀다면 어떻게 될까? '엔진' 대신 뭐가 있으면 비행기는 계속 날 수 있을까? 자동차도 엔진이 필요한데, 전기차는 엔진 없이 배터리로 가니까 그렇다면 비행기도 전기차처럼 배터리로 갈 수 있지 않을까? 비행기도 태양전지 패널이 있다면 태양열이나 태양광을 동력으로 비행을 할 수 있지 않을까? 이렇게 빼고 나서, 그다음은 어떻게 될지 상상해 보자.

∵ **어제 작성한 구성요소 중에서 절대로 빼면 안 될 것 같은 세 가지는 무엇인가?**

_____ **(을/를) 뺀다면**

_____

_____

_____ **(을/를) 뺀다면**

_____

_____

_____ **(을/를) 뺀다면**

_____

_____

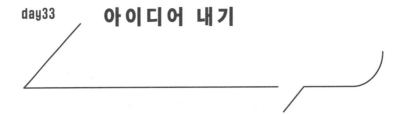

아 이 디 어 내 기

빼서 대체할 수 있는 것을 찾았다면 그것에는 또 어떤 문제가 있을까? 그 문

제는 어떻게 해결할 수 있을까?

예를 들어 비행기의 의자를 빼고 침대로 대체한다면 어떤 문제가 있고, 이를

어떻게 해결할 수 있을까?

꼬리에 꼬리를 물고 나온 아이디어에 이름을 붙여보자.

절대로 뺄 수 없다고 생각한 것을 뺐을 때 혁신이 시작될 수 있다.

....

....

....

....

....

....

∴ **가장 마음에 드는 아이디어는 무엇인가?**

....

숨은 시간 도둑 찾기

예술가가 조각 작품을 완성하기 위해 불필요한 돌덩이를 깎아내듯, 우리 삶 또한 불필요한 부분들을 빼고 나면 본질이 드러난다. 문제는 우리가 그 활동들이 불필요한지 인지조차 못 하고 산다는 것이다.

일단 어디에 얼마나 시간을 소모하며 사는지 파악해 보자. 스마트폰 앱 사용 시간을 체크하거나, 일정 관리 앱으로 하루 일과를 기록하는 방식으로 내가 시간을 쓰는 활동을 측정하고 나열해 보자. 그러고 나서 만약 내가 이 활동을 하지 않는다면 나에게 어떤 영향이 있을지 생각해 보자. 내가 겪는 변화, 그 변화로 인해 생기는 새로운 기회를 관찰해 보자.

빼기를 활용한 일상의 혁신을 통해 보다 의미 있는 하루를 만들 수 있다.

∴ **하루 동안 나는 어떤 활동들에 시간을 사용하고 있는지 나열해 보자.**

∴   그중 내가 가장 많은 시간을 사용하는 활동 3가지는 무엇인가?

_____

_____

∴   위 활동들을 하는 시간을 뺀다면 나는 무엇을 할 것인가?

_____

_____

∴   그 활동들을 빼고 나면 나에게 어떤 영향이 있을 것 같은가?

_____

_____

∴   오늘 하루 그 활동들을 빼고 생활해 보자. 어땠는가?

_____

_____

day35

세상에서 제일 조용한
자동차 광고 만들기

당신은 크리에이티브 광고 디렉터이다. 이번에 당신에게 의뢰한 광고주는 자동차 회사이다. 광고할 자동차의 콘셉트는 '세상에서 제일 조용한 차'다. 이 콘셉트를 효과적으로 전달하기 위해 '빼기' 방법을 활용해 아이디어를 내보자.

∵ **일단 차 안의 구성요소를 나열해 보자.**

154

∵ 그 중에서 무엇을 뺄까?

∵ 차 안에서 가장 시끄러운 소리는 무엇인가?

∵ 그 소리를 제거하면 어떻게 될까?

∵ 차 안에서 가장 조용한 소리는 무엇인가?

∵ 그 소리를 제거하면 어떻게 될까?

∵ 다른 모든 소리는 제거되고 차 안에서 가장 조용한 소리만 남는다면 어떻게 될까?

∵ 모든 소리를 다 빼도, 뺄 수 없는 소리는 무엇이 있나? 이를 자동차 광고 아이디어로 연결해 본다면? 자동차 운행 중에 시계 소리만 들리는 차는 어떨까? 침 삼키는 소리만 들리는 차는 어떨까? 땀 흐르는 소리만 들리는 차는 어떨까? 또 어떤 아이디어가 있을까?

∵ 다른 소리를 다 뺀, 가장 조용한 소리만 남은 자동차 광고 시나리오를 상상
해 적어보자.

빼라
마무리

이삭을 털면 알맹이를 얻듯이 불필요한 말과 생각들을 걸러내면 진정한 의미와 가치가 드러난다. 하지만 뺀다는 것은 쉽지 않다. 프랑스의 수학자 파스칼은 '나는 편지를 짧게 쓸 시간이 없어서 길게 쓴다'라고 했다. 단순해지는 것이야말로 혹독한 과정이다. 단순함은 그냥 나오는 것이 아니라 고통스러운 사고 과정을 거쳐야만 얻을 수 있는 정제된 결정체다.

가슴에 귀를 기울여라

12

day36

가슴을 짓누르는 3가지로 슬롭스프 만들기

이제는 가슴이 하는 말을 들어볼 차례다. 나의 가슴을 짓누르는 것들이 있다면 슬롭스프에 전부 넣어 끓여보자.

∵ **나의 가슴을 짓누르는 것들을 적어보자.**

_____

_____

∵ **그 중에서 세 가지만 골라보자.**

_____

∵ **왜 이 세 개를 골랐는가?**

_____

이제 이 세가지를 넣고 스프를 끓어보겠다. 예를 들어 내 가슴을 짓누르는 뾰족 구두 하이힐, 먹으면 너무 달콤하지만 다이어트 중에는 내 마음을 아프게 하는 초콜릿, 힘겨운 추억이 담겨 있는 보라색 가방을 골랐다고 해보자.

이 3가지를 넣고 끓일 스프의 이름을 붙여보자.

'하이힐 + 초콜렛 + 보라색 가방 = 보라힐 초콜렛 가방 수프'처럼 말이다.

∵　**3가지를 넣은 수프를 그림으로 그리고 이름을 지어보자.**

∵　**이 수프를 먹고 나면 어떤 기분이 들 것 같은가?**

룰을 바꾸어라

13

룰 브레이커는 기존의 규칙이나 관습을 깨는 사람을 말한다. 콜럼버스의 달걀처럼. 신대륙을 발견하고 돌아온 콜럼버스에게 사람들이 별것 아니라고 하자 콜럼버스는 '그럼 달걀을 세워보라'고 했고 아무도 세우지 못했다. 그런데, 콜럼버스는 달걀의 한쪽 끝을 조금 깨뜨려서 달걀을 세웠다. 달걀을 깨면 안 된다는 규칙은 어디에도 없었다. 실체는 없지만 무의식 중에 떠올리는 것, 그것이 바로 룰이다. 룰을 바꾸는 일은 생각보다 어렵다. 여기에는 여러 가지 이유가 있을 수 있다. 룰을 깨면 상이 아니라 벌을 받을 것이란 두려움 때문에 깨고 싶어도 못 깨는 경우가 있다. 하지만, 그보다 더 어려운 이유는 기존의 관습이나 규칙에 익숙해져서 나를 지배하고 있는 룰이 무엇인지조차 깨닫지 못하기 때문이다.

스포츠에서는 룰이 명확하다. 하지만, 현실은 룰을 명시적으로 잘 알려주지 않는다. 일상생활에서 혹은 일을 하면서 보이지 않는 룰을 찾아낸다는 것은 참으로 어렵다. 그래서 룰을 바꿔서 아이디어를 내는 것은 어렵다. 이번에는 룰을 바꿔서 아이디어를 내보겠다.

1단계는 룰을 찾아서 나열하는 것이다. 고유한 성질, 만드는 방식, 사용하는 방식, 정해진 방식 등 여러 가지를 생각해서 룰을 파악해내는 것. 이것이 가장 핵심적이면서도 중요한 단계이다. 2단계는 룰을 파악하고 난 후에 그 룰을 바꾸는 것을 상상하는 단계, 3단계는 바뀐 룰을 가지고 아이디어를 도출하는 단계이다.

아이디어 내기, 전혀 어렵지 않다.
시작해 보자.

brain
fitness

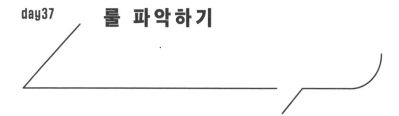

룰 파악하기

쉬운 것부터 해보자. 스포츠의 룰은 대체로 명확하다. 그래서, 이번에는 배드
민턴의 룰을 바꿔서 새로운 배드민턴 스포츠 아이디어를 만들어보겠다. 그 전
에 먼저, 배드민턴의 룰은 무엇이 있는가? 문장 형태로 써보자.

1.

2.

3.

4.

5.

6.

7.

8.

9.

10.

day38 **룰 바꾸기**

자, 이제는 어제 적은 배드민턴의 룰을 바꿔보자. 배트민턴 라켓 대신 주걱은 어떤가? 주걱 대신 부채는 어떤가? 아이디어를 무궁무진하게 쏟아내 보자.

1.

2.

3.

4.

5.

6.

7.

8.

9.

10.

이름 붙이기

이제는 앞서 나온 아이디어들을 묶어서 새로운 규칙을 만들고, 그 규칙에 걸맞은 새로운 이름을 지어보자.

∵ **새로운 규칙을 나열해 보자.**

자, 이제 새로운 스포츠 경기 하나가 탄생되었다. 새로운 스포츠의 이름과 대
표적인 규칙을 정리해 보자.

이름 :

규칙 :

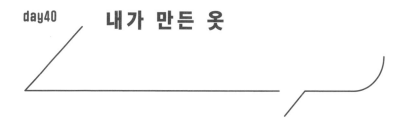

day40 　　내 가 　만 든 　옷

옷은 제 2의 피부이다. 단순히 추위와 더위로부터 신체를 보호하는 것을 넘어 나의 개성을 표현하는 수단이다. 옛날에는 옷을 집집마다 직접 만들어 입었지만 오늘날에는 자신의 옷을 만들어 입는 사람은 드물다. 오늘은 옷의 룰을 한 번 바꿔보겠다. 내가 입고 있는 옷들은 어떤 룰을 가지고 있는가? 내가 잘 입지 않는 티셔츠, 바지, 뭐든 좋다. 그중 몇 년간 안 입은 옷을 골라보자.

∵ 　　**그 옷의 룰을 파악해 보자.**

∵ 이 룰을 깨보자. 어떤 새로운 옷이 나올 수 있을까? 만약 옷은 앞과 뒤가 구분돼 있다고 적었다면 앞 뒤가 구분되지 않는 옷을 만들어보면 어떨까?

∵ 이번에는 직접 몸을 움직여 옷의 룰을 깨보자. 가위로 옷을 잘라보자. 어떤 느낌이 들었는가?

∵ 이제 그 옷을 입고 돌아다녀 보자. 어떤 느낌이 들었는가?

전단지 알바생

이제는 많이 줄었지만 아직도 길거리를 지나다니다 보면 전단지를 나눠 주시는 분들이 있다.

오늘은 내가 전단지를 나눠 주는 사람이라고 가정해 보자. 사람들은 전단지를 잘 받지 않으려고 할 것이다. 전단지를 주고 싶어도 그냥 외면하는 사람들이 많고, 힘들게 전달해도 읽지도 않고 바로 버리는 사람이 태반이다. 생각만 해도 속이 상할 것이다. 이 상황을 바꿔볼 아이디어를 내보자.

∴ **먼저, 전단지를 나눠주는 사람의 룰을 적어보자.**

∵ 이 룰을 깨보자. 어떤 새로운 아이디어들이 떠올랐는가?

∵ 전단지를 구겨서 주면 어떨까? 사람들은 대체 어떤 내용이 들어있는지 궁
금해서 구긴 전단지를 펴보지 않을까?
나의 기발한 아이디어는 무엇인가?

룰을 바꿔라
마무리

룰을 바꾸는 것은 판을 바꾸는 것이다. 기존 판에서 새로운 룰을 추가하거나 변경하는 것은 어렵지만 새 판에는 새로운 룰이 필요하기 때문이다. 하늘에서부터 키를 재면 내가 가장 키가 크다고 말했던 나폴레옹처럼, 불리한 판일 때는 나에게 유리한 쪽으로 룰을 바꾸어 판을 뒤집어보자.

내가 속한 판을 바꾸려면 먼저 그 판의 룰부터 파악해야 한다. 만약 역도 경기가 무거운 것을 들고 버티는 경기가 아니라 매달리는 경기가 된다면 가벼운 사람일수록 유리해진다.

우리를 통제하는 것은 실제 규칙이 아닌 스스로가 만든 올가미다. 그 올가미들을 깨부숴라. 그것이 곧 룰을 바꾸는 방법이다.

명확하게 표현하라

14

day42　아이디어 깜박이 켜기

도출한 아이디어가 괜찮은지, 부족한 점은 없는지 궁금할 때 우리는 다른 사람에게 어떤지 물어본다. 그러면 아이디어에 대해 들은 사람은 조목조목 따지며 부족한 부분을 이야기할 것이다. 그런데 이런 말을 들으면 자신의 아이디어가 한참 모자란 것 같다 느끼고 좌절하게 된다.

아이디어를 내는 것만큼 중요한 것이 아이디어에 대한 평가이다. 그런데 아이디어는 평가에 약해서 쉽게 부서지고 상처입는다. 그래서 다른 사람에게 아이디어를 보여줄 때는 반드시 명확하게 원하는 바를 말해야 한다. 현재 내 아이디어에 부족한 점이 무엇인지 지적해 달라는 것인지, 아니면 아직 나의 아이디어가 자라는 중이니 칭찬으로 북돋아 달라는 것인지 말이다.

아이디어를 북돋아 줬으면 하는 마음으로 의견을 물었는데, 상대방 답변의 방향을 정해주지 않고 물으면 원하지 않던 답을 듣게 될 수 있다.

그래서, 오늘 해볼 아이디어 훈련은 '아이디어 깜박이 켜기'이다.

∵   지금까지 낸 아이디어 중 머릿속에서 살아남은 아이디어 하나를 정하자.

....

∵   그 아이디어를 다른 사람에게 공유하자. 공유할 때 깜빡이를 켜자. 나는 어떤 의도로 이 아이디어를 이야기하는 것이며 상대방에게 기대하는 바는 무엇인가? 먼저 생각해 보고 할 말을 미리 적어보자.

....

∵   그리고 이걸 말하면서 아이디어를 공유해 보자.

....

∵   이전과 비교해 보면 어떤가? 달라졌는가? 달라졌다면 어떻게 달라졌는가?

....

∵   앞으로는 어떻게 달라지고 싶은가?

....

이름을 바꾸어라

15

사물의 본질을 들여다볼 때 가장 방해되는 것은 무엇일까?

바로 이름이다. 우리는 이름을 아는 순간, 다 안다고 착각한다. 예를 들어 들에 핀 어떤 꽃의 이름을 모른다면 더욱 자세히 들여다보며 이 꽃의 이름은 무엇일지, 어떤 꽃일지 궁금해할 수 있다. 처음 보는 음식을 마주한다면 이건 어떤 음식일지 궁금해할 수 있다. 하지만 이름을 안다면 그냥 아는 것이라 생각하고 넘겨버린다.

처음 어떤 제품이 탄생하면 우리는 그 제품에 이름을 지으며 그 제품을 인식한다. 우리말 '이름'의 뜻을 살펴보면 '이르다'라는 뜻으로, 머릿속에 이를 수 있도록 돕는 것이라는 의미가 담겨 있다. 아이디어를 도출할 때에도 이름을 이용하면 좋다. 이름을 바꾸면 한쪽으로 치우쳐진 나의 생각을 전환하는 데에 유용하다.

이번에는 이름을 바꾸어서 생각을 전환하는 연습을 해보자. 이름을 바꾸라고 하면 무작정 멋진 네이밍을 해야 한다고 생각하기 쉽다. 하지만 멋진 이름이 금세 떠오를 리 만무하다. 그러니 멋진 이름이 떠오르지 않는다고 해서 아이디어를 못 낸다고 자책할 필요는 없다. 아이디어는 숙고라는 부화의 시간을 거친 후, 껍데기를 깨고 나오는 것이다. 사람들은 알을 깨고 탄생한 아이디어만을 보고, 이전에 오랜 부화의 시간이 있었다는 사실을 생각하지 못한다. 그러면 우리의 아이디어는 어떻게 부화할 수 있을까? 이름은 머릿속에, 기억에 이르게 하는 것이라고 했다. 기억은 홀로 존재할 수 없다. 여러 기억이 얽히고 설켜서 기존 기억들의 그물망 위에 새로 덧입혀져 기억이 존재하게 된다. 따라서, 이름을 바꾸기 위해서는 먼저 이름 주변에 얽혀 있는 여러 기억을 전부 소환해야 한다.

이름 바꾸기의 1단계는 이름을 들었을 때 연상되는 것 나열하기,
2단계는 그 연상된 단어들로부터 새로운 힌트를 얻는 단계로 단어들을 조합해보며 새로운 단어들을 만들기,
3단계는 새로운 단어의 조합을 보고 아이디어를 내는 단계이다.

아이디어 내기, 전혀 어렵지 않다.
시작해 보자.

day43 연상되는 단어들

맥주의 이름을 바꿔서 새로운 아이디어를 내보자.

맥주를 떠올렸을 때 연상되는 것들부터 나열해 보자. 한자로 이루어진 단어의 경우, 음과 뜻을 가지고 있으므로 단어를 해체하여 그 뜻부터 파악하면 더 쉽게 이해할 수 있다.

∵ 맥주는 어떤 뜻일까?

....

....

∵ 그렇다. 맥주는 '보리 맥'에 '술 주'이다. 그럼 빈 칸에 보리, 술을 쓰면 된다. 맥주를 떠올렸을 때 연상되는 다른 단어들을 나열해 보자.

....

....

....

....

....

day44
조합으로
새로운 힌트 얻기

자, 이제는 적은 단어들을 조합해서 새로운 힌트를 얻어보자. 맥주에서 보리와 술을 연상하였다면 이 둘을 조합해서 보리 술이라고 할 수도 있고, 거품과 보리를 합쳐서 보리 거품 또는 거품 보리 같은 식으로 조합해도 좋다. 조합은 두 단어도 좋고 서너 단어를 조합해도 좋다. 또 어떤 것들이 생각나는가?

말이 되는가 안 되는가는 중요하지 않다. 일단 보이는 단어들을 조합해 보라. 그리고 그 조합을 보면서 생각나는 단어들을 덧붙여서 또다시 새로운 조합을 만들자. 재료만으로 요리를 상상하지 못한다고 좌절할 필요는 없다. 우리는 지금 요리를 만드는 과정 중에 있다. 괜찮다.

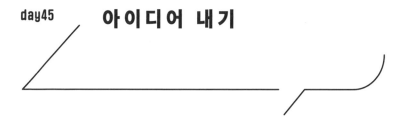

아이디어 내기

이제 나온 조합을 보면서 아이디어를 내보자. 보리 거품이라는 단어를 보면서 떠오른 생각들을 아이디어로 적어보는 것이다. 보리 거품 대신, 밀 거품은 어떨까? 쌀 거품은 어떨까? 아예 거품으로만 된 거품 맥주는 어떨까? 떠오르는 것들을 계속 적어보자.

∵ **가장 마음에 드는 맥주 아이디어는 무엇인가?**

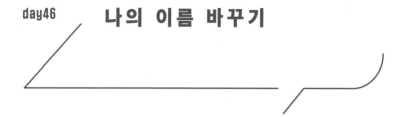

나의 이름 바꾸기

사람의 이름은 언제 생길까? 사람이 태어나면 이름을 짓는다. 장차 어떤 사람
이 되길 바라는 바람을 담아서. 그러나 죽은 후에야 붙여지는 이름도 있다.

세종장헌영문예무인성명효대왕. 누구의 이름일까? 눈치 빠른 이들은 세종대
왕이라는 것을 알아차렸을 것이다. 세종대왕의 성은 이, 이름은 도이고, 시호
는 세종장헌영문예무인성명효대왕이다. 세종이라는 왕명은 살아생전 붙여진
이름이 아니라 죽어서 종묘(宗廟·조선의 왕과 왕실에 제사를 지내는 곳)에 올릴 때 붙여
진 이름이다. 묘호를 풀어보면 먼저 명나라 황제에게서 받은 이름이 '장헌'이
다. 그리고 신하들이 학문과 병법에 뛰어나다는 의미로 '영문예무'란 이름을
올렸고, 세종의 아들 문종이 '인자하고 뛰어나며 지혜롭고 효성스럽다'는 뜻
으로 '인성명효'를 붙여 이렇게 긴 이름이 만들어졌다. 죽고 나면 그 왕이 어떤
사람이었는지 그 업적을 평가해 이렇게 이름을 붙였다.

∵ 그럼 우리는 지금까지 살아온 나를 되돌아보고, 앞으로의 나를 설계하면서 스스로의 이름을 붙여보자. 그냥 멋진 이름보다는 일단 나를 생각하면 떠오르는 단어들을 적어보자. 혹시 잘 떠오르지 않는다면 이번에는 주변인들의 도움을 받아보자. 나를 보면 떠오르는 세 가지를 알려달라고 해보자. 그리고 들은 것들을 일단 나열해 보자.

∵ 나열된 것들을 조합해서 새로운 단어를 만들어보자.

∵ 이 중 마음에 드는 조합을 갈고 다듬어 새로운 나의 이름으로 붙여보자. 이름을 더 압축적으로 표현할 수 있는 한자어나 외래어도 좋다.

∵ 새로 만든 나의 이름은 무엇인가?

정수기

이름 바꾸기에 자신감이 붙었는가? 이번에는 정수기의 이름을 바꾸고 그로부터 새로운 정수기 아이디어를 떠올려 보자.

∵ **정수기는 어떤 뜻으로 이루어진 단어인가?**

∵ **정수기를 떠올렸을 때 연상되는 단어들을 나열해 보자.**

∵ 그 단어들을 조합해서 새로운 단어들을 만들어보자.

∵ 위 조합에서 새로운 아이디어가 떠올랐는가?

이름 바꾸기의 가장 큰 장벽은 아마 멋진 네이밍을 해야 한다는 강박관념일 것이다. 이름을 짓는 네이밍 전문가가 따로 있고 나는 전문가가 아니라는 생각은 하지 말자. 네이밍을 하라는 것이 아니라 이름을 바꿔서 새로운 아이디어를 내자는 것이다. 이름은 바꾸는 일은 의미를 바꾸는 일이라는 본질만 생각하자.

이름을 바꾸어라
마무리

이름 바꾸기는 아이디어를 내기 위한 강력한 방법이지만 쉽게 시도하기 어렵다. 이름이 짧고 멋있어야 한다고 생각하기 때문일 것이다. 이름은 머리에 이르는 것이라, 당연히 긴 이름 보다는 짧은 이름이 머리까지 이르기 좋다. 하지만 아이디어를 떠올릴 때는 시작부터 짧은 이름으로 네이밍을 하지 말고, 길게 풀어서 써보는 것이 좋다. 그래야 점점 줄여가며 짧게 만들기 쉽다. 생각이 뭔가에 꽉 막혀 뚫리지 않는다면 이름을 바꿔보자. 남들이 다 쓰는 이름 말고 나만의 이름을 붙여보자. 이전에는 없던 새로운 영감이 샘솟을 것이다.

많이 내라

16

**brain
fitness**

고민 거리 옵션
늘리기

배운 것을 실천에 옮기는 것이 중요하듯, 아이디어를 내는 것을 내 삶에 적용해 보자. 각자 현재 하고 있는 고민을 적은 후 그중 하나를 선택하고, 해결책을 적어도 5개 10개까지 적어보자. 아이디어는 무조건 많이 내고 봐야 한다. 에디슨은 1093개의 특허권을 가지고 있었고, 바흐는 매주 한 편의 칸타타를 작곡했다. 아인슈타인은 248편의 논문을 발표했고 피카소는 3만 편이 넘는 작품을 만들었다.

창의적으로 생각해야 하는 이유는 더 많은 선택지를 만들기 위해서다. 위대한 인물들만 다작하는 것이 아니다. 나 또한 일상과 업무 등에서 더 많은 아이디어를 내는 것이 좋다. 일상 속에서 정작 아이디어가 필요할 때는 아이디어가 떠오르지 않는 이유는 훈련이 안 되어 있기 때문이다. 생각도 연습이고 훈련이다.

∵ **오늘은 현재 나의 일상에서 고민인 것들을 적어보자.**

∴ 왜 그것이 고민거리인가?

....

....

....

....

∴ 그 고민에 대한 해결안을 적어보자. 바로 떠오르는 안을 5개 적어보자.

....

....

....

....

....

∵   5개만 더 나열해 보자.

∵   고민 해결의 실마리가 보이는가? 어떻게 해결하면 좋겠는가?

비유하라

17

비유는 시의 본질이고 시인은 비유의 마술사다.

비유란 비교해서 깨우친다는 뜻으로, 두 가지 이상의 사물이나 개념끼리의 공통점을 토대로 설명하는 수사법이다. 추상적이고 어려운 개념이라도 구체적인 비유를 통하면 그 의미를 훨씬 쉽게 이해할 수 있다.

그래서 비유는 창의성의 무기 중 하나다. 물론 공통점을 꿰뚫어 보는 눈은 하루아침에 키워지지 않는다. 시인의 날카로운 통찰을 보며 감탄할 뿐 직접 활용해 볼 엄두가 나지는 않을 것이다.

하지만 비유 역시 하나씩 단계를 나눠서 연마하면 누구나 시인의 통찰력을 가질 수 있게 된다. 어떻게 비유를 내 것으로 만들 수 있을까? 비유는 공통점을 토대로 설명하는 수사법이라고 하였다. 무엇이 비슷한지를 파악해내는 것이 비유의 핵심이다.

비유를 활용해 아이디어를 내는 1단계는 일단 대상의 속성을 나열해 그 대상끼리의 비슷한 속성을 뽑아보는 것이다.
2단계는 그 뽑은 속성을 연결하는 것이고,
3단계는 그것을 구체적인 아이디어로 만드는 단계이다.

아이디어 내기, 전혀 어렵지 않다.
시작해 보자.

brain fitness

비슷한 속성
나열하기

이번에는 시를 하나 써보겠다. 시인만 시를 쓸 수 있는 것이 아니라 누구라도 시를 쓸 수 있다. 비유 기법을 활용해 '연못'이라는 제목의 시를 써보자.

'연못은 ○○○이다.'라고 한다면, ○○○에는 무엇을 넣을 수 있을까? '연못은 깊다', '연못은 넓다'. 이렇게 문장 형태로 연못의 속성을 나열해 보자.

1.

2.

3.

4.

5.

6.

7.

8.

9.

10.

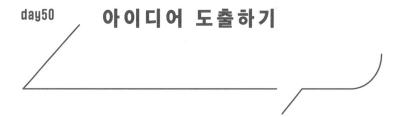

아이디어 도출하기

자, 이제는 나열한 연못의 속성과 대상을 연결해 보자. 만약 '동그랗다'는 속성을 꼽았다면 동그란 것에는 또 어떤 것이 있는가? 호떡이 생각났다면 '연못은 동그란 호떡'이라고 쓰자. 만약 '감싼다'라는 속성을 뽑았다면 감싸는 것에는 또 어떤 것이 있는가? 엄마의 품. 그렇다면 연못은 마음을 감싸주는 엄마의 품. 이런 식으로 연못의 속성과 대상을 연결해 연못을 묘사해 보자.

1.

2.

3.

4.

5.

6.

7.

8.

9.

10.

day51 정교화해서 아이디어 내기

이번에는 이를 더 정교화해서 구체적인 아이디어로 만들어보겠다. 정교화하기 위해서는 Why와 How를 생각하면 된다. 연못에서 뽑은 속성과 공통점을 찾은 대상에 집중해 좀 더 상세하게 묘사해 보자. 예를 들어 연못을 '마음을 감싸주는 엄마의 품'이라고 했다면, 왜 마음을 감싸주는가? 허물을 덮어주려고. 어떻게 마음을 감싸주는가? 무심한 척. 그렇다면 이 속성들을 나열해 보자.

연못

무심한 척 (How)

자식 허물 덮어주는 (Why)

엄마의 품

한 편의 시가 되었다.

∴ **연못과 대상의 공통점은 무엇인가?**

∵   대상은 왜(Why) 그러한 특성이 있는가?

∵   대상은 어떻게(How) 그러한 특성을 지니는가?

∵   이를 토대로 '연못'이라는 제목의 시를 지어 보자.

나를 비유해 보기

아이디어를 낸다는 것은 내가 하는 생각을 알아차리는 것이다. 내 생각을 알아차리기 위해서는 나를 잘 알아야 한다.

이번에는 나를 무언가에 비유해 나에 대해 알아보자. 나를 동물이나 꽃, 사물, 색에 비유해 보자. 나의 속성을 떠오르는 대로 적고, 그 속성을 보고 연상되는 동물이나 꽃, 사물, 색을 쓴다. 그리고 나와 비유한 대상을 연결해 나를 설명해 보자. 비유를 만들었다면 어떤 면에서 왜 그런지까지 묘사해 보자.

∵ **나의 속성을 문장 형태로 나열해 보자. 나는 어떤 특징을 갖고 있는가?**

∵ 내가 동물이라면 어떤 동물일까? 왜 그런가?

∵ 내가 꽃이라면 어떤 꽃일까? 왜 그런가?

∵ 내가 사물이라면 어떤 사물일까? 왜 그런가?

∵ 내가 색이라면 어떤 색일까? 왜 그런가?

....

....

....

∵ 이 중에서 하나를 골라 왜 공통적인지(Why), 어떻게 공통적인지(How)를
써보자.

....

....

....

....

....

∴ 내 이름을 넣고, 위에 쓴 How와 Why를 넣어 한 편의 시를 써보자.

비즈니스 아이디어 만들기

이번에는 비유를 활용해 비즈니스 아이디어를 만들어보자. 절대로 비즈니스가 될 수 없을 것 같은 비즈니스를 만들어보겠다.

서울을 동경하는 외국인들을 대상으로 관광상품 아이디어를 내보자. 먼저, '서울' 하면 떠오르는 속성들을 쓰고, 그 속성으로부터 연상되는 대상을 연결한다. 그리고 Why와 How까지 생각해 보자. 예를 들어, 서울의 기념품은 여행의 흔적이 고스란히 남게 하는 물건이다. 여기에서 고스란히 남는다는 속성을 통해 '쓰레기'를 연상한다면 어떨까? 그렇다면 이렇게 써볼 수 있다.

서울 관광품 / 흔적이 고스란히 남는 / 쓰레기

여기에 Why와 How를 더해보면 이렇게 쓸 수 있다.

서울 관광품 / 생생하게(How) / 흔적이 남는(Why) / 쓰레기

이를 비즈니스 아이디어로 확장해 볼 수는 없을까? 서울의 쓰레기를 모아 선물 패키지를 만든다면 어떨까? 쓰레기고고학(Gabology)이라는 학문이 있다. 과거의 쓰레기 더미를 연구해 당시 생활상을 유추하는 고고학의 한 방법이다. 쓰레기야말로 현시대의 생활상을 그대로 보여주는 사물이다. 쓰레기를 통해 서울의 있는 모습 그대로를 가감 없이 보여준다는 발상으로 서울의 쓰레기들을 모아 선물상자에 담아보는 건 어떨까?

실제로 미국의 아티스트 저스틴 지냑(Justine Gignac)은 뉴욕 길거리에서 모은 쓰레기를 '뉴욕 시티 쓰레기'로 예쁘게 포장해 전 세계 30여 개국에 판매했다. 오바마 대통령 취임식 같은 행사 시의 쓰레기를 주워서 리미티드 에디션으로 판매하기까지 했다.

자, 우리는 어떤 서울 관광 기념품 아이디어를 만들 수 있을까? 기념품의 어떤 속성에서 출발해 볼까? 한 편의 시를 통해 영감을 얻어보자.

유추하라
마무리

낯선 문제와 마주했을 때 아무런 단서도 없이 문제를 해결하는 것은 깜깜한 방에서 스위치를 찾아 헤매는 것 같다. 이럴 때 유추는 새로운 발상을 위한 도약이자 창의적인 생각을 열어주는 열쇠가 된다. 하지만 유추는 두 사물이나 개념 사이의 공통점을 찾아야 하므로 사용하기 어렵다. 기존의 경험과 지식으로는 공통점을 발견하기 어렵다면 직관을 활용해 확장해 보자. 다양한 각도에서 공통점과 차이점을 찾는 활동을 마치 놀이처럼 즐겨보자. 앞에서 연습한 것처럼, 평소에 자주 무작위로 두 가지 사물을 연결해 보자. 사물의 새로운 국면을 발견하는 기쁨을 느낄 수 있을 것이다.

긍정의 힘을 믿어라

18

brain
fitness

'어둠의 다크니스' 노트

사람은 누구나 인생에서 칠흑같이 어두운 시절이 있다. 그 어둠을 다시는 보지 않겠다며 마음속 지하실에 꽁꽁 묶어 두는 사람도 있고, 그 어둠을 양지바른 곳으로 꺼내어 놓는 이도 있다. 우리 안의 어두움을 한 번 꺼내보자. 아픈 기억을 그저 미화하자는 것이 아니라, 그 안에서 긍정적인 의미를 뽑아보자는 것이다.

누구에게나 시련은 있다. 인생의 파도는 계속해서 치기 마련이다. 인생을 살며 파도가 올 때마다 좌절할 수만은 없다. 중요한 것은 어려움을 극복해가는 것이다. 극복하기 위해서는 우선 인정해야 한다. 상황을 인정한 다음에 선택지를 늘려야 한다.

마티스(Henri Matisse)는 말년에 암으로 인해 붓을 더 이상 잡지 못하게 되자, 가위를 이용해 작품 활동을 이어갔다. "가위는 연필보다 더 감각적이다"라는 멋진 말을 남기면서. 좌절하고 낙담하기보다 침상에 누워서도 작업을 할 수 있는 가위라는 도구를 찾아낸 것이다. 긍정적이라는 것은 이런 것이다. 도저히 답이 보이지 않는 상황에서도 빛을 찾는 것. 그것이 바로 인간의 위대함이다.

∵ 오늘은 '어둠의 다크니스' 노트를 만들어보자. 지금까지의 인생에서 가장 힘들었던 시기를 떠올려보자. 무엇이 가장 고통스러웠는가?

....

....

....

∵ 이 경험 이후 나는 어떻게 바뀌었나?

....

....

....

∵ 과거의 고통스러웠던 경험에 과연 부정적인 측면만 있었을까?
이를 긍정적으로 바꿔 생각한다면 어떤 면이 있을까?

....

....

다른 사람이 되어라

19

"관점을 달리해봐"
새로운 아이디어를 내려 할 때 가장 많이 듣는 말이다.

새로운 관점을 갖기 위해 다른 사람이 되어보자. 어떻게 하면 다른 사람이 될 수 있을까? 내가 만약 어린이라면/소비자라면/스티브 잡스라면 어떻게 결정을 내리고 어떤 것에 우선순위를 둘까? 자신이 건축가라면 디자이너처럼, 디자이너라면 수학자처럼, 수학자라면 시인처럼 생각해 보자. 다른 직업군, 다른 사람에 빙의해 생각을 전개해 보는 것이다.

다른 사람이 되어 아이디어를 도출하는 1단계는 빙의할 인물 정하기,
2단계는 그 인물의 성향 나열하기,
3단계는 내가 그 성향들을 가졌다고 상상해 아이디어 도출하기이다.

아이디어 내기, 전혀 어렵지 않다.
시작해 보자.

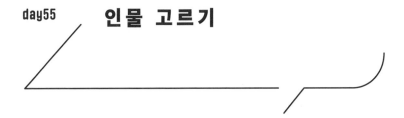

day55 인물 고르기

다른 사람이 되는 방법을 활용해 새로운 가구 아이디어를 내보자.

다양한 인물 중 누구에 빙의해서 아이디어를 내고 싶은가? 다른 사람이 되어 아이디어를 도출하는 1단계는 누구로 빙의할지 인물을 선택하는 단계이다. 내가 어린이가 될지, 스티브 잡스가 될지, 패션 디자이너가 될지, 건축가가 될지 정해보자. 가급적이면 특징이 뚜렷한 사람일수록 좋다. 만약 특징이 뚜렷하지 않다면 더 디테일한 조건을 주면 된다. 그냥 여성 말고 40대 미혼의 반려묘를 키우는 여성. 이런 식으로 조건을 추가하면 된다. 어떤 인물들이 있을지 상상해 보자.

1.

2.

3.

4.

5.

6.

7.

8.

9.

10.

그 인물의
성향 쓰기

2단계는 선택한 인물이 무엇을 좋아하고 싫어하는지 그 인물의 성향이나 특성을 기술하는 단계이다. 예를 들어 스티브 잡스가 되어보기로 했다면 '군더더기를 제거한 극도로 심플한 물건들만 좋아한다'라고 쓰고, 어린이가 되어보기로 했다면 '바닥에 누워서 행동하기를 좋아한다'라고 쓰자. 그 인물이 가지고 있는 기호도 좋고, 빈번하게 할 법한 행동이나 언어도 좋다. 이를 뽑아내려면 관찰력이 좋아야 한다. 내가 선택한 인물의 성향이나 특성을 최대한 상세하게 묘사해 보자.

1.

2.

3.

4.

5.

6.

7.

8.

9.

10.

이름 붙이기

이제 인물의 특징과 가구를 결합해 가구 아이디어를 내보자.

만약 뭐든 던지고 보는 반항하는 청소년을 인물로 골랐다면, 옷을 던지면 옷이 알아서 척척 걸리는 가구라는 아이디어를 내보는 것이다. 그 다음은 어떻게 이 아이디어를 구현할 수 있을지 고민해보는 것이다. 사슴뿔 모양의 가구는 어떨까? 옷을 던지면 뿔에 척척 걸린다든지 하는 식으로 말이다.

직육면체 모양의 옷장만 떠올랐다고 해도 괜찮다. 누구나 처음에는 정해진 모양만을 떠올린다. 이 고정관념에 고착되지만 않으면 된다.

새로운 아이디어가 나왔다면 그 아이디어에 이름을 붙여보자. 멋지고 함축적인 이름을 짓지 않아도 된다. 아이디어가 어떤 것인지 직관적으로 알아들을 수 있는 이름이면 충분하다.

∵ **가장 마음에 드는 가구 아이디어는 무엇인가?**

역할 바꾸기

가족치료의 한 방법으로 드라마를 활용하는 심리치료 방법이 있다. 가족 구성원이 서로 역할을 바꾸어 연기를 하며 한 편의 즉흥극을 만드는 것이다. 이를 통해 가족들은 서로의 입장을 이해하고 새로운 관점을 얻을 수 있게 된다.

즉흥극을 만들기 위해서는 표정과 행동을 포함한 연극적인 표현이 필요하지만, 단순히 역할을 바꾸어 대화만 시도해 볼 수도 있다. 만약 갈등 상황이 일어났다면 시간을 되돌려 갈등이 시작된 순간으로 돌아가 서로의 역할을 바꿔보는 것이다. 이를 통해 상대의 기분, 감정을 이해할 수 있다. 이 역할 바꾸기의 가장 좋은 점은 상대와 어떤 방식으로 말하고 소통하면 좋을지를 다른 사람이 아닌 바로 그 당사자에게서 들을 수 있다는 점이다.

갈등 상황이 발생하면 "역할 바꾸기"라고 외쳐보길 바란다. 역할을 바꿔 대화를 하고 나면 어떻게 갈등을 해결할 수 있을지 쉽게 배울 수 있다. 무엇이 잘못되었는지를 각자 인지하고 나면 사과하기도 쉬워진다. 물론, 격해진 감정 상태를 되돌리는 것이 쉽지는 않다. 그럴 때 필요한 것이 규칙이다. 예를 들어 서로 역할 바꾸기를 요청하면, 반드시 그 요청에 응하겠다는 규칙을 사전에 만들어두고 역할 바꾸기를 시도해 보라.

∵   **누구와 역할 바꾸기를 해 보았는가?**

....

....

∵   **어떤 주제 또는 상황으로 역할 바꾸기를 했는가? 대화를 적어보자.**

....

....

....

∵   **대화를 하고 나니 어떤 생각이 드는가?**

....

....

MZ를 위한
전통시장

다른 사람이 되어 아이디어를 내면 편견을 줄일 수 있다.

왜냐하면, 우리는 자신의 시각과 경험에 국한되어 좁게 생각하기 쉽기 때문이다. 다른 사람의 시각을 통해 세상을 바라보면 그들의 관점과 경험을 이해할 수 있어서 더 다양하고 창의적인 아이디어를 얻을 수 있다.

이번에는 MZ를 위한 전통 시장 아이디어를 내보겠다. MZ세대에 빙의해서 아이디어를 내보자. 빙의하기가 어렵다면 MZ를 상세하게 묘사해 보자.

∵ **MZ세대 한 사람을 묘사해 보자. 특징과 성향, 외모 등을 자세히 적어보자.**

∵ 그 사람은 어떤 관점으로 전통 시장을 바라볼까?

∵ 어떤 아이디어를 만들어 볼 수 있을까?

∵ 가장 마음에 드는 아이디어는 무엇인가?

다른 사람이 되어라
마무리

창의적으로 생각한다는 것은 단일한 관점이 아닌 다양한 관점으로 문제를 바라본다는 의미다. 다양하게 바라보기 위해서는 내가 늘 가져온 관점에서 벗어날 필요가 있다. 그래서 다양한 관점을 갖기 위한 제일 좋은 방법은 다양한 사람들끼리 교류하는 것이지만, 그러기가 쉽지 않다. 나와 비슷한 사람을 만나면 부딪힐 일이 별로 없지만, 나와 아주 다른 사람을 만나면 사사건건 부딪치기 쉽다. 하지만 그 부딪치는 마찰력이 바로 창의력의 불쏘시개가 된다. 다양한 사람들을 만날 수 없다면, 일시적으로라도 다른 사람으로 빙의해 보자. 빙의하는 가장 좋은 방법은 그 사람의 시공간 속으로 들어가보는 것이다. 상상력을 발휘하여 시간과 공간을 초월해 다른 사람이 되어보자.

너 자신이 되어라

20

day60 스스로를 격려하라

아이디어를 내는 것은 나 자신을 발견하는 과정이다. 언뜻 들으면 아이디어와 나 자신이 무슨 상관일까 싶을 것이다. 아이디어를 내려 하면 처음에는 기존에 알고 있던 지식이 먼저 나온다. 머릿속에 혼재해 있던 어디선가 본 것들이 아이디어로 둔갑해서 나오게 된다. 그것을 전부 꺼내고 나면, 나의 진짜 새로운 생각들을 꺼낼 수 있다.

아이디어는 어딘가에서 찾은 정보나 과거에 얻은 지식이 아니다. 아이디어는 고유한 나의 생각으로부터 나온다. 그래서 아이디어를 낸다는 것은 내 생각을 자세히 들여다보는 일이다. 내 생각을 들여다보기 위해서는 다른 사람이 아닌 나를 들여다봐야 하고, 그래서 아이디어를 잘 내려면 나를 잘 알아야 한다. 다른 사람을 너무 많이 의식하면 아이디어를 잘 내기 어렵다. 왜냐하면 타인의 평가에 대한 두려움과 자기 검열이 창의적 사고를 제한하고 자신의 생각과 감정에 집중하기 어렵게 만들기 때문이다. 점점 내 생각을 꺼내는 것에 서툴게 된다.

내 생각이 중요하고 소중하다는 이야기다. 이 말은 나만 중요하고 나만 소중하다는 이야기가 아니다. 타인을 존중하되 주눅 들지 말고, 내 생각에 자부심을 갖고 나 자신으로 살라는 이야기다. 이것이 아이디어를 잘 내는 사람이 되는 비법이다.

∵   우리 모두는 각자 다르게 태어났다. 따라서 독창적인 사람이 되고 싶다면
나 자신이 되면 된다. 나 자신을 스스로 정의해 보라.

_____

_____

_____

_____

_____

∵   그런 자신에게 칭찬을 해주자.

_____ 한 _____ (아/야),

너는 우주에서 제일 _____ 한 사람이야.

아이디어가 중요한 시대다. 앞으로의 세상은 점점 더 그렇게 될 것이다. 예전에는 머릿속에 있는 것을 구현하는 데 많은 비용이 들고 많은 투자가 요구되었지만 그 비용은 점점 더 낮아질 것이고, 아이디어를 잘 내면 일터에서 인정받을 수도 있고, 사업에도 성공할 수 있다. 이렇게 눈앞에 펼쳐질 당장의 이익을 위해서라도 아이디어를 잘 내는 것은 의미 있다. 하지만 아이디어를 내는 일의 더 큰 의미는 바로 아이디어를 내는 일이 곧 자기 자신이 되는 지름길이라는 점이다.

다시 브레인 피트니스의 처음으로 돌아가보자.

∵ 나는 어떤 사람이 되고 싶은가?

위 질문에 어떤 답변을 하였는가?

어떤 사람이 되고 싶다는 건 꿈을 꾼다는 것이다. 꿈꾸는 삶이란 내가 나로 사는 삶이다. 우리는 꿈꿀 때 비로소 자기 자신이 된다. 다른 사람의 꿈은 내가 대신 꿔줄 수가 없다. 물론, 일시적으로는 엄마의 바람대로 아빠의 바람대로 혹은 선생님의 바람대로 의사가 되고 변호사가 될 수는 있다. 하지만, 오래가기는 힘들다.

남의 생각이 아니라 내 생각이 중요하다. 내 아이디어가 중요하다. 내 아이디어를 만나기 위해서는 훈련이 필요하다. 아이디어는 이미 알고 있는 지식이 아니다. 아이디어는 나의 본연의 모습, 그 알맹이 속에서 나오는 것이다. 우리의 생각은 과거의 학습, 경험, 편견, 가정, 인식 때문에 제한된다. 나를 가로막는 것은 다른 누구도 아닌 나 자신인 경우가 많다. 내가 쳐놓은 올가미를 스스로 걷어내면 누구나 사고의 틀을 벗어나 자유로워질 수 있다.

브레인 피트니스가 내가 쳐놓은 올가미를 걷어내고 나를 만나는 좋은 지침이 되길 바란다. 나는 내 마음 밭의 주인이다. 내 마음 밭에 다른 이가 들어와 이리 저리 혼란스럽게 뒤적거리는 것을 그대로 둘 것인가, 몰아내고 내 마음 밭을 주체적으로 잘 가꿀 것인가. 선택은 나의 몫이다.

1 | 뒤집어라

Day 1　고정관념 나열하기 ·······························

일반적으로 '양말은 두 짝이다'와 같은 기본적인 속성을 떠올리기 쉽다. 계속 써 보자. 생각이 잘 나지 않는다면 색깔, 형태와 같은 시각적 속성, 면, 마, 폴리에스테르와 소재, 고무줄, 실, 천과 같은 재료, 등산, 운동, 요가 등 용도, 잘 때 신는, 스커트를 입을 때 신는 등과 같은 사용법 등 다양한 방면으로 생각해 보자. 만약 '양말은 검정색이다'와 같은 색상에 대한 것을 썼는데 계속해서 '양말은 흰색이다.', '양말은 빨간색이다'와 같이 색상으로만 10개를 채웠다면 좀 더 다양한 측면에서 생각해 보자. '양말은 발에 신는다', '양말은 좌우가 대칭이다'와 같은 근본적인 속성도 썼는가? 중요한 것은 10개를 다 채워보는 경험이니 계속 써보자.

Day 2　고정관념 뒤집기 ·······························

속성을 뒤집으려면 전날 쓴 항목들을 참고해야 한다. 전날 썼던 항목에서 여러 가지 생각들이 뻗어나간다면 잘하고 있는 것이다. 주의할 것은 '반대'가 아니라 '부정'이다. '양말은 검정이다'의 반대말은 '양말은 흰색이다'이지만 부정을 하면 '양말은 노랑이다', '양말은 여러 가지 색이다', '양말은 색이 없고 투명하다' 등 다양한 속성들을 떠올릴 수 있다. '양말은 발에 신는다'가 아니라 '양말은 손에 신는다'가 생각났는가? 잘했다. 그렇다면 그 다음도 어떻게든 확장해 보자. 발이 아니라 발가락은 어떨까? 손이 아니라 손목은 어떨까? 손목을 보고 목이 떠올랐다면 잘하고 있는 것이다.

Day 3   이름 붙이기 ···

아이디어는 매우 연약하다. 하지만 아이디어에 이름을 붙여주는 순간 아이디어는 생명력을 얻는다. 기억하자. 작명 센스가 중요한 것이 아니라, 아이디어에 이름을 붙이면 모르는 사람이 보고 들었을 때 나의 아이디어를 단박에 잘 이해할 수 있고, 기억하기도 쉽다. '양말은 세 짝이다'를 보고 '세 짝 양말'이라는 식으로 단순하게 이름 붙이면 된다. 세 짝 모두 짝짝이면 '세 짝 짝짝이 양말'이라고 하는 것이다. 이렇게 나열식 이름도 좋다. 실제로 미국의 리틀 미스 매치드 삭스(Little Miss Matched Socks)는 서로 다른 종류의 세 짝의 양말을 세트로 팔아서 대박을 친 회사로 유명하다. 혹시 새로운 양말 사업 아이디어가 떠올랐는가? 새로운 양말을 신은 캐릭터가 떠올랐는가?

Day 4   짝짝이 양말 ···

짝짝이 양말을 신는다고 하늘이 무너지지 않는다. 사람들이 하루 종일 내 짝짝이 양말을 쳐다볼 것 같지만 아무도 쳐다보지 않는다는 사실을 기어코 경험해야 한다. 백 번 들은 것이 한 번 본 것만 못하고, 백 번 본 것은 한 번 경험한 것만 못하다. 직접 행하면서 느낀 감정, 생각, 하기 전후의 변화를 기록하자. 체험을 경험으로 소화하기 위해서는 느낀 것을 정리하고 해석하는 과정이 필요하다.

Day 5   새로운 생일 ···

배움은 시작이고 훈련은 성장을 위해 필수이다. 먼저 생일에 내가 무엇을 보고, 듣고, 하는지 적어보자. 남들이 보고, 듣고, 하는 것들도 적은 후 꼭 이렇게 해야 하는지, 아니라면 어떻게 할 것인지 생각해 보자. 매번 생일 케익을 받기만 했다면 내가 직접 생일 케익을 만들어볼 수도 있을 것이다. 매번 생일 선물을 받기만 했다면 생일 선물은 줄 수도 있을 것이다. 매번 먹기만 한 생일이었다면 내 몸이 쉴 수 있도록 단식하는 생일을 보낼 수도 있을 것이다. 일 년에 한 번 돌아오는 생일이지만 백 살까지 살면 100번의 생일을 맞이하는 셈이다. 브레인 피트니스로 이전과는 다른 특별한 생일을 만들어 보자.

2 | 킬러를 제거하라

Day 6 킬러를 제거할 무기 제조 ································

눈빛 레이저, 안 된다는 손가락 표시, 딱딱 박수. 어떤 이름이든지 좋다. 나의 아이디어를 죽이는 킬러가 누구인지, 뭐라고 했는지, 그때마다 나의 반응은 어땠는지. 그리고 이 반응을 어떻게 바꾸고 싶은지를 적어보는 것만으로도 강력한 무기를 만들 수 있다. 만약 나와 가장 가까운 남편이나 아내가 입만 열면 '너는'으로 시작하는 비난을 늘어놓는다면 그때마다 상대방의 얼굴에 하트 스티커를 붙인다는 규칙을 정해보자. 수박씨도 좋고, 밥풀도 좋다. 그럼 아마 웃음이 나오게 될 것이고, 상대방의 말에 크게 기분이 나빠지지 않을 수 있다. 감사 인사가 상대방이 주는 선물이라면 욕도 마찬가지로 상대가 주는 선물이다. 다만, 내 맘에 안 드는 선물일 뿐이다. 선물은 꼭 받지 않아도 된다. 받기 싫다면 억지로 받지 않아도 된다. 상대방의 행동을 바꿀 수는 없지만, 내가 바꿀 수 있는 것은 상대방에 대한 나의 반응이라는 것을 기억하자.

3 | 엉뚱하게 연결하라

Day 7   연결할 대상의 고정관념 나열 ·····························

이미 고정관념을 나열하는 연습을 해봤기 때문에 삼각김밥의 속성을 나열
하는 것이 조금은 익숙할 것이다. '삼각형이다'와 같은 형태적 속성, '밥과
김이 있다'와 같은 재료적 속성, '편의점에서 판매한다'와 같은 장소적 속성,
'간편식으로 먹는다'와 같은 행태적 속성 등 다양한 방면의 속성을 생각할
수록 좋다.

Day 8   고정관념 연결시키기 ·······························

흔히들 극장과 삼각김밥을 연결하라고 하면 삼각김밥을 파는 극장, 삼각형
으로 된 극장 같은 식으로 단순하게 연결을 한다. 우리에겐 이미 다양한 삼
각김밥의 속성들이 한가득 있다. 예를 들어 삼각김밥의 '비닐로 포장되어
있다'는 속성을 극장과 연결한다면 '비닐로 된 극장', '비닐을 뜯고 앉아야
하는 시트가 있는 극장'처럼 비닐 하나로도 많은 아이디어를 확장해 볼 수
있다. 삼각김밥의 속성은 삼각김밥으로부터 나온 것이지만 이제는 삼각김
밥은 잊고 그 속성을 연결시킨 극장 아이디어에 집중하자. 우리가 낼 것은
새로운 극장 아이디어이다. 삼각김밥은 그 새로운 극장을 만드는 데 영감
을 주는 재료일 뿐이다.

Day 9   아이디어 다듬기 ·······························

아이디어에 이름을 붙이면서 아이디어를 정교화하거나 부족한 부분을 보
완해 보자. '삼각형으로 된 극장'이라는 아이디어가 있다면 '삼각 극장'이라
는 이름을 붙여볼 수 있다. 그런데 이것으로 끝내지 말고 삼각형 극장을 정

교화해 보자. 왜 삼각형인가? 건물 모양이 삼각형일 수도 있고, 정삼각형 모양의 3개의 무대에 관객석을 360도로 배치한 극장일 수도 있고, 의자가 삼각형일 수도 있다. 이름을 짓는 것은 끝이 아니라 아이디어를 놓치지 않고 붙잡아두는 하나의 매듭일 뿐이다. 다시 그 이름에서 출발해 아이디어를 정교화해 보자.

Day 10   낯선 서점 투어

스티브 잡스도 일찍이 점들을 연결하라는 의미로 '커넥팅 닷'을 외쳤다. 배움(學)이 습관(習)이 되려면 직접 해봐야 한다. 연결의 위력을 더 실감나게 느끼려면 직접 연결하는 상황을 생활에서 만들어보자. 평소 나라면 접하지 못했을 분야를 강제로 연결하면서 의외의 것을 발견할 수도 있다. 도파민은 숏츠 콘텐츠로만 얻을 수 있는 것이 아니다. 인간이 느끼는 가장 큰 기쁨 중 하나가 바로 발견의 기쁨이다. 그 기쁨을 만끽하자.

Day 11   택배 테이프

경찰서와 택배 테이프는 도저히 만날 수 없는 조합이라고 생각되겠지만 경찰서에 있는 것들을 쪼개면 달라진다. 예를 들어, 경찰서에는 실종 아동 포스터가 있다. 실종 아동 포스터와 택배 테이프가 만나면 택배 테이프에 실종 아동 얼굴을 넣어 인쇄해 미아 찾기에 도움을 줄 수도 있을 것이다. 경찰서에는 음주 운전으로 잡혀오는 사람들이 있다. 그럼 안전 운전 캠페인 표어를 인쇄한 택배 테이프를 생각해 볼 수도 있다. 범죄 현장에 치는 폴리스라인은 테이프로 되어 있다. 폴리스 라인처럼 생긴 택배 테이프는 좀 더 강력하게 느껴질 수도 있다. 처음엔 경찰서로부터 나온 힌트에 집중하고, 그 다음은 경찰서는 잊고 그 힌트와 택배 테이프에 집중해서 아이디어를 내다 보면 이게 진짜 내 머리에서 나온 아이디어가 맞나 싶은 놀라운 경험을 하게 될 것이다.

4 | 하던 대로 하지 마라

Day 12   평소에 절대 하지 않던 짓 해보기 ······················

의식적인 노력 없이 자동화된 행동을 하는 루틴도 중요하다. 특히나 요즘은 '루틴'에 대한 관심이 많다. 하지만 사람은 기계가 아니다. 지나치게 경직되어 있는 루틴은 피로감과 무력감을 줄 수 있다. 성장을 위한 새로운 도전, 새로운 시도가 필수이다. 새로운 시도는 결코 힘들고 어렵지 않다. 그동안 저녁에 일기를 썼다면 아침에 써보는 건 어떨까? 반성 대신 계획으로 아침을 열 수도 있다. 눈 뜨자마자 시간을 체크한다는 명목으로 핸드폰을 봐왔다면 일어나자마자 눈 감고 30초 명상을 해보는 것은 어떨까? 밥을 오른손으로 먹어왔다면 왼손으로 먹어보는 건 어떨까? 배는 항구에 있을 때 가장 안전하다. 하지만 항구에만 있으려고 배가 된 것은 아니다. 변화는 성장의 싹이다.

5 | 확대하라

Day 13   비교 기준 정하기 ·······································

흔히들 확대한다고 하면 크기만 생각하지만, 크기뿐만 아니라 속도, 주기, 강도, 지속 시간, 깊이, 압력, 온도, 밀도 등 아주 다양한 기준이 있을 수 있다. 먼저 그 기준부터 잡아보자. 흔히들 생각하는 기준 말고 다른 사람들은 절대로 생각하지 못할 것 같은 기준도 생각해 보자.

Day 14　비교 대상 정하기 ·······································

기준을 정했다면 비교 대상을 정하는 것은 상대적으로 쉬울 수 있다. 만약 크기를 기준으로 정했다면 두 팔로 안는 것보다 큰 허그, 사람보다 큰 허그, 집보다 큰 허그, 도시보다 큰 허그, 지구보다 큰 허그처럼 순차적으로 허그를 키워보자. 속도를 기준으로 정했다면 악수하는 것보다 빠른 허그, 박수보다 빠른 허그, 자동차보다 빠른 허그, 윙크보다 빠른 허그, 소리보다 빠른 허그, 빛보다 빠른 허그와 같은 방식으로 확장해 갈 수 있다.

Day 15　아이디어 내기 ·······································

도출한 아이디어를 붙잡고 다시 땅으로 내려오는 시간이다. 지구보다 큰 허그라면 전 세계 각지에서 동시에 손잡고 인간 띠를 만들 수도 있을 것이고, 자동차보다 빠른 허그를 보고 허그 모양으로 된 트랙 위를 레이싱카가 빠른 속도로 도는 장면을 떠올릴 수도 있다. 허그라고 해서 물리적으로 안는 것에만 고착될 필요가 없다. 허그를 좀 더 유연하게 해석해도 상관없다. 지금은 논리력 훈련이 아니라 상상력 훈련을 하고 있는 것이다.

Day 16　강점 혁명 ·······································

확대하기 방법을 나에게 적용하다 보면 나의 강점들을 나열하고 그것을 어떤 것보다 더 크게 만들지, 더 강하게 만들지 생각해 볼 수 있다. 나의 강점이 부지런함이라고 가정해 보자. '개미보다 부지런한 나, 태양보다 부지런한 나, 시계보다 부지런한 나' 같은 식으로 확대해 갈 수 있다. 그럼 어떻게 하면 개미보다 더 부지런할 수 있을까? 춥거나 더울 때에도 날씨에 상관없이 부지런한 나를 떠올릴 수도 있을 것이다. 매일 뜨고 지는 태양처럼 태양 같은 열정을 드러내면서 부지런할 수도 있을 것이다. 시계보다 더 부지런해지기 위해서는 매분 매시간 부지런한 것도 중요하지만 더 나아가 일 년, 삼 년, 오 년, 십 년 동안 부지런한 나는 어떻게 될까? 왜 부지런해야 할까? 무엇에 부지런할까? 이렇게 확장해 볼 수 있다.

Day 17 밀리언달러 홈페이지 ·······························

위대한 예술가는 훔치고, 좋은 예술가는 카피를 한다고 피카소가 말했다. '밀리언달러' 홈페이지를 훔쳐와 새로운 것을 만들어보자. 내 책상에 종이를 묶는 클립이 보인다면 그 클립으로 시작해 볼 수 있다. 처음 기준을 정할 때 클립의 크기를 기준으로 생각해 본다면 어떤 것보다 더 커져야 할까? 종이보다 큰 클립, 책상보다 더 큰 클립, 집보다 더 큰 클립, 지구보다 더 큰 클립이라고 생각해 보자. 어떻게 지구보다 더 큰 클립이 가능할까? 사람들에게 자신의 위치를 클립으로 표시하게 하고 전 세계 지도를 만드는 프로젝트를 해볼 수도 있지 않을까? 어떻게 하면 집보다 더 큰 클립을 만들 수있을까? '레드 클립 프로젝트'는 클립으로 물물교환을 해서 물고기 펜, 문손잡이, 캠핑 스토브, 발전기 등을 얻다가 결국엔 2층짜리 집까지 얻게 되는 결과를 보여주기도 했다. 뭐라도 좋다. 일단 내 눈에 보이는, 내가 가진 작은 물건은 어떤 것이 있는가?

6 | 아이처럼 보라

Day 18 아이처럼 생각하고 말하는 우가타 우가타 ··············

현재 내가 하는 말을 아이의 말로 바꾸는 것은 새로운 언어를 만드는 아주 멋진 작업이다. 도무지 아이의 말이 떠오르지 않는다면 외계인은 사과를 뭐라고 할지 생각해 보자. 퐁퐁, 드로티, 라쿼, 파스, 뭐든 좋다. 아이들은 새로운 언어를 만드는 천재들이다. 내가 가장 많이 쓰는 단어를 아이의 말로바꾸고 그 단어를 쓰며 하루 동안 느낀 감정을 잊지 말고 꼭 기억하자. 언어천재가 된 듯한 느낌이 들지 않는가?

7 | 축소하라

Day 19   비교 기준 정하기 ·····································

흔히들 '축소한다'고 할 때도 '확대한다'처럼 크기만 생각하지만, 크기뿐만 아니라 신선도, 주기, 강도, 지속시간, 깊이, 압력, 온도, 밀도 아주 다양한 기준들이 있을 수 있다. 먼저 기준부터 잡아보자. '확대하라'를 연습했다면 '축소하라'도 별로 어렵지 않을 것이다.

Day 20   비교 대상 정하기 ·····································

신선도를 기준으로 정했다면 '유통기한이 (2주보다 더 짧은 / 1일보다 더 짧은 / 1시간보다 더 짧은) 커피 원두'와 같은 식으로 비교해 보자. 'OO보다 더 □□한'으로 표현하는 것이다. 크기를 기준으로 정했다면 콩보다 더 작은 커피 원두, 모래보다 더 작은 커피 원두, 먼지보다 더 작은 커피 원두 같이 점차 더 작은 사이즈로 축소해서 나열하면 된다.

Day 21   아이디어 내기 ·······································

도출한 아이디어를 붙잡고 다시 땅으로 내려오는 시간이다. 만약 먼지보다 더 작은 커피 원두 아이디어를 냈다면 이를 좀 더 구체화해 보자. 나노 기술을 활용해 초미세 커피 파우더를 만들어 찬물에 닿아도 바로 녹는 커피를 만들 수도 있을 것이다. 나노 기술을 활용해 입안에 스프레이처럼 뿌리면 마치 커피를 먹는 것 같은 느낌을 주는 커피를 만들 수도 있을 것이다. 혹은 커피찌꺼기를 나노 수준으로 작게 분쇄를 해서 커피찌꺼기를 비료로 쓸 수 있도록 할 수도 있을 것이다. 이렇게 하나의 아이디어를 구체화하며 계속 파생해서 새로운 아이디어를 내보자.

Day 22 세계가 100명의 마을이라면 ·····························

우리가 자주 쓰는 퍼센트라는 단위도 100을 기준으로 생각하는 단위이다. 당장 생각이 나지 않는다면 내가 가지고 있는 책이 총 몇 권인지 세어보고 이를 분류해 보자. 100권이라면 32권은 철학 책, 21권은 요리 책… 이런 식으로 정리할 수도 있다. 이를 보고 내가 철학적으로 사고하기를 원하고 있었구나, 하고 나도 몰랐던 나를 발견할 수도 있을 것이다. 분류 이후 어떤 생각이나 느낌이 드는지도 꼭 써보자. 물건은 눈으로 직접 확인할 수 있으니 난이도가 쉬운 편이다. 좀 더 어려운 미션에 도전해 보고자 한다면 나의 행동, 습관 등을 측정해 볼 수도 있다.

Day 23 새로운 뷰티숍 ·································

축소하기를 새로운 비즈니스 아이디어에 적용해 보자. 개인이 비즈니스를 하려면 모든 것을 다 커버하기가 쉽지 않다. 틈새 시장을 공략해야 한다고들 하지만 막상 어떻게 틈새 시장을 공략할 아이템을 발굴해야 하는지 막막할 때가 많은데, 이 축소하기를 활용해 보자. 뷰티숍 중에서도 헤어숍을 골랐다면 기준부터 생각해 보자. 길이로 기준을 정했다면 '~보다 더 짧은'과 같이 나열해 보자. 허리 길이보다 더 짧은 헤어 전문 숍, 목 길이보다 더 짧은 헤어 전문 숍, 머리카락보다 더 짧은 헤어 전문 숍으로 나열할 수 있다. 어떻게 머리카락보다 짧은 헤어 전문 숍이 가능할까? 삭발 전문 헤어숍은 어떨까? 평소에는 생각지 못했던 것들도 이런 식으로 꼬리에 꼬리를 물면 새로운 생각을 쉽게 떠올릴 수 있다.

8 | 제한을 둬라

Day24 매시간 기록하는 한 단어 일기장 ·····················

해시태그도 키워드다. 암기를 할 때도 모든 것을 다 기억하는 것이 아니라 키워드로 기억하면 나중에 떠올리기가 쉽다. 나에게 의미 있었던 것을 키워드로 도출하는 것이 처음에는 낯설겠지만 하다보면 의외의 재미를 발견할 수 있다. 예를 들어 6시 명상(일어나자마자 아침 명상) - 7시 사과(아침 식사) - 8시 훌라(지하철 출근 시 훌라 음악을 들음) - 9시 EU AI법(EU에서 제정된 AI법을 연구) 이런 식으로 매시간을 기록하다 보면 하루를 어떻게 보냈는지 한 눈에 알 수 있다. 시간마다 체크를 하려면 시간마다 알람을 설정해 둬야 한다. 일기를 쓰는 것이 좋은 습관임을 알지만 어린 시절 숙제로 강제 일기를 써야 했던 사람들에게 일기는 하기 싫은 일, 억지로 해야 하는 일 중 하나였을 수 있다. 막상 일기를 쓰라고 하면 하루를 어떻게 정리해야 할지도 막막하다. 이렇게 키워드로 매 시간을 정리하고, 그중 가장 인상 깊었던 키워드를 뽑는 방식으로 일기를 써보는 것은 어떨까? 나만의 일기 쓰는 법을 개발해 보자.

9 | 순서를 바꾸어라

Day25 순서 나열하기 ······························

카페를 이용하는 순서를 최대한 자세히 적어보자. ①카페 문을 손으로 밀어서 연다 ②자리를 잡는다 ③카페 주문대 앞으로 간다 ④마실 음료가 무엇인지 살펴본다 ⑤음료를 고른다 ⑥음료를 주문한다 ⑦결제를 한다 ⑧진동벨을 받는다 ⑨자리에 앉는다 ⑩진동벨이 울린다 ⑪음료를 가지러 간다 ⑫음료를 가지고 와서 자리에 앉는다 ⑬음료를 마신다 ⑭음료 잔을 반납한다 ⑮카페를 나간다 이런 식으로 최대한 상세하게 나열해 보자. 내가 자주 가는 카페는 순서가 위와 다를 수 있다. 처음 가는 카페는 또 다를 수 있다. 하나의 카페를 정해서 이렇게 순서를 기록해 보자. 순서만 기록했을 뿐인데 벌써 아이디어가 나오는가? 아이디어가 자연스럽게 나온다면 Day 27로 가서 빈칸에 따로 적어두자.

Day 26 순서 바꾸기 ···

순서를 바꿀 때 앞에 쓴 내용을 보지 않은 상태로 랜덤하게 순서를 섞어보자. 예를 들어 5번과 6번을 바꿔본다면 음료를 고르고 음료를 주문하는 것이 아니라, 음료를 주문하고 음료를 고를 수 있게 하는 것이다. 어떻게 가능할지는 내일 생각할 것이다. 오늘은 순서만 뒤죽박죽되도록 섞어볼 것이다. 2번과 3번을 바꿔본다면? 꼭 연속된 순서끼리 바꾸지 않아도 된다. 13번과 7번을 바꿔볼 수도 있다.

Day 27 아이디어 내기 ···

오래 기다렸다. 드디어 아이디어를 내볼 차례이다. 예를 들어 5번과 6번을 바꿔본다고 했을 때 음료를 고르고 값을 지불하는 것이 아니라 먼저 값을 지불한 다음에 음료를 고르게 한다면 어떤 아이디어가 나올까? 한 가지를 섞으면 5000원, 두 가지를 섞으면 7000원, 세 가지를 섞으면 9000원이라고 가격부터 정해서 결제를 하고, 그 이후에 음료를 어떻게 섞을지 고를 수 있는 '믹스 카페'는 어떨까? 혹은 음료 가격을 리필 횟수와 연동해 먼저 리필 횟수를 정하고 그에 맞춰 금액을 지불하고 난 이후에 음료의 종류를 고른다면 어떨까? 혹은 앞사람이 뒷사람 먹을 음료를 지정하고 결제까지 하는 일명 '미스터리 카페'를 만드는 건 어떨까? 여러 가지 아이디어를 최대한 많이 생각해 보자. 말이 될지 안 될지는 나중에 따져보자. 사실 우리가 선택에 어려움을 겪는 이유는 너무나 많은 선택을 동시에 해야 하기 때문이다. 맛, 사이즈, 가격을 따져보며 어떤 조합이 가장 합리적일지 결정해야 한다. 이처럼 음료수 한 잔에도 많은 에너지를 들여야 하는데, 이렇게 재미난 방식으로 음료를 주문하는 카페가 있다는 것만으로도 관심을 받게 되지 않을까?

Day 28 나의 루틴 바꾸기 ··

나의 루틴을 바꾸려면 일단 나의 루틴이 무엇인지부터 생각해야 한다. 그런데 특별한 루틴이 없다고 생각할 수 있다. 누구에게나 루틴은 있다. 하루 세 끼를 먹는지 두 끼를 먹는지 한 끼를 먹는지도 루틴이다. 매일 잠을 자는 것도 루틴이다. 식사를 하기 전에 유튜브 콘텐츠를 골라서 밥을 먹을 때마다 유튜브를 시청한다면 ①유튜브를 고른다 ②냉장고에서 반찬을 꺼낸다 ③밥솥에서 밥을 퍼낸다 ④유튜브를 보며 밥을 먹는다 ⑤밥을 먹고 그릇을 싱크대에 둔다 ⑥냉장고에 반찬을 다시 넣는다. 이런 식으로 순서를 적고 이 순서를 바꿔보는 것이다. 1번과 4번을 바꿔서 유튜브를 고르고 그 고른 컨텐츠를 보면서 밥을 먹는 것이 아니라, 밥을 먹고 난 후에 유튜브를 볼 수도 있을 것이다. 잠을 자기 전에 일기를 쓴다면 일어나자마자 일기를 써볼 수도 있을 것이다. 나가기 전에 옷을 고른다면 미리 옷을 골라둔 후 잠을 잘 수도 있을 것이다. 중요한 것은 머릿속으로가 아니라 직접 바뀐 순서로 해보고, 해본 후의 나의 생각, 감정, 느낌 등을 정리하는 것이다.

Day 29 나의 업무 방식 바꾸기 ·······························

일과 삶은 하나이다. 일에서 배운 것을 삶에도 적용하고, 삶에서 배운 것을 일에도 적용해 보자. 내가 일을 하는 순서를 정리해 보자. ①기획한다 ②리서치한다 ③실행한다 ④실행한 후에 피드백을 보고 정리한다. 그렇다면 이 순서를 바꿔보자. 1번과 4번을 바꿔볼까? 실행한 후에 피드백에 기반해서 보고서로 정리하는 것이 아니라 미래를 미리 상상해서 보고서를 쓰면 어떨까? 어떤 점을 사람들이 칭찬할까? 어떤 점을 개선해야 한다고 생각할까? 그리고 나서 기획을 해보면 어떨까? 이전과 무엇이 달라질까? 내가 맡고 있는 업무와 관련해서 짧은 호흡으로 내가 하는 일들을 나열해 보자. 좀더 긴 호흡으로 내가 하는 일들을 나열해 보자. 효율보다 중요한 것이 효과이다. 효율은 이미 회사 차원에서 깊이 고민했을 확률이 높다. 효과를 높이기 위해 나만의 업무 루틴을 어떻게 바꿔볼 수 있을까?

10 | 길을 잃어라

Day 30 길을 잃고 낯선 곳에서 헤매기 ·······················

차를 타면 네비게이션을, 걸어가도 핸드폰 속 지도를 따라가면 되는 세상에서는 길을 잃기도 쉽지 않다. 그래서 길을 잃기 위한 의도적 장치를 만들어야 한다. 갈래 길이 나올 때마다 동전을 던져서 방향을 결정한다든지, 빨간색이 보일 때까지 계속 걸어가 보기로 한다든지 해보자. 길고양이가 된 듯 본능을 따라 무작정 걸어보거나, 5분마다 오른쪽으로 방향을 틀기 혹은 길을 묻고 사람들이 답변하는 방향의 반대로만 길을 가보기 등 자신만의 방법으로 길을 잃어보자. 아예 새로운 길을 발견할 수도 있고, 새로운 길 위에서 익숙함을 발견하게 될지도 모른다. 어떤 느낌이 드는지, 어떤 생각이 드는지 기록하는 것도 잊지 말자.

11 | 빼라

Day 31　구성요소 나열하기 ···

'비행기는 날개가 있다, 바퀴가 있다, 의자가 있다, 승무원이 있다, 창문이 있다'처럼 구성요소를 나열할 수도 있고, '체크인 체크아웃이 있다, 예약을 한다, 목적지가 정해져 있다'처럼 이용의 측면에서 나열할 수도 있다. 비행기를 둘러싼 모든 것을 적어보자.

Day 32　구성요소 빼서 상상하기 ·······························

비행기에서 무엇을 빼볼까? 날개가 있다면 날개를 빼보자. 날개 없이 어떻게 하늘에 떠 있을 수 있을까? 의자가 있다면 의자를 빼보자. 의자가 없다면 어떻게 승객이 앉을 수 있을까? 꼭 앉아야 할까? 서 있으면 안 될까? 누워서 가면 안 될까? 일단 꼬리에 꼬리를 물며 질문을 만들어보자.

Day 33　아이디어 내기 ···

날개 없는 비행기라는 아이디어가 나왔다고 이것으로 끝나는 것이 아니다. 날개가 없는데 어떻게 날 수 있을까? 로켓은 날개가 없어도 날 수 있으니까 로켓의 원리를 적용해 볼 수 없을까? 열기구도 날개 없이 날 수 있으니까 열기구의 원리를 적용해 볼 수는 없을까? 수소나 헬륨 같은 공기보다 가벼운 기체를 활용해서 비행기를 띄울 수는 없을까? 비행기는 날개가 있어야만 뜰까? 바람은 왜 불까? 기압의 차이로 인해서 바람이 분다면 그 원리를 날개 없는 비행기에 접목해 볼 수는 없을까? 이렇게 질문이 꼬리에 꼬리를 물고 계속해서 이어진다면 새로운 아이디어의 문 앞에 온 것이다. 빼기 방법은 학습을 할 때도 아주 유용하다. 가장 본질적인 것을 빼면 무엇이 본질이고 무엇이 비본질인지 탐구하게 되고 이를 대체할 수 있는 것들이 무엇일지 궁리하게 된다. 그렇게 새로운 배움이 열리는 것이다.

Day 34 숨은 시간 도둑 찾기 ·······································

핸드폰 앱 중, 내가 휴대폰으로 제일 많이 쓰는 서비스가 무엇인지 알려주는 앱이 있다. 내가 막연히 예상하던 것과 실제 데이터를 비교해보면 의외로 내가 이렇게 많은 시간을 이 서비스를 쓰느라 보냈나? 하는 생각이 들 것이다.

가장 많은 시간을 쓰는 영역이 일인가? 잠인가? 일이라면 정말 그 시간 동안 내내 일하고 있는 것이 맞는가? 무슨 일을 하였는가? 또, 물리적인 기준으로 내가 제일 많은 시간을 쏟는 일은 무엇인가? 비록 시간은 적지만 나에게 가장 큰 만족감을 주는 일은 무엇인가? 최근 열흘을 기준으로 옆에 적어보자. 나에게 만족감을 주는 일이지만 적은 시간을 할애하고 있었다면 여기에 더 많은 시간을 쓰는 건 어떨까? 측정해야 관리할 수 있다. 관리해야 바꿀 수 있다.

Day 35 세상에서 제일 조용한 자동차 광고 만들기 ············

자동차에는 운전대가 있다. 의자가 있다. 바퀴도 있다. 창문도 있다. 계기판도 있다. 시계도 있다. 클랙슨도 있다. 브레이크도 있다. 가장 시끄러운 소리는 경적 소리를 내는 클랙슨이다. 그 소리를 제거하면 울지 않는 차가 될 것이다. 가장 조용한 것으로 시계도 있다. 모든 소리를 제거하면 가장 작은 소리인 시계 소리만 들릴 것이다. 그럼 시계 소리만 들리는 차를 조용한 자동차 광고로 만들 수도 있을 것이다. 조용하다는 것은 소리에 대한 감각이다. 소리를 시각적으로 보여주려면 시끄러운 소리들을 빼고 조용한 소리를 부각시켜서 보여주는 방법이 있다. 자동차가 조용하다면 어떤 소리를 보여주고 싶은가?

12 | 가슴에 귀를 기울여라

Day 36 가슴을 짓누르는 3가지로 슬롭스프 만들기 ············

먼저 나의 가슴을 짓누르는 것들을 쭉 적어보자. 꼭 3개일 필요는 없다. 2개도 좋고, 4개도 좋다. 그것들을 다 넣고 끓이는 스프를 최대한 자세히 묘사해서 그려보자. 색깔은 어떤 색일까? 맛은 어떤 맛일까? 향은 어떤 향일까? 만약 나의 가슴을 짓누르는 것으로 잔소리, 알람시계, 살이 쪄서 갑갑하게 느껴지는 속옷 이렇게 3가지를 골랐다면 스프의 색은 끓일수록 점점 정체 불명의 색으로 변할 것이다. 맛은 어쩌면 시큼하고 텁텁할 것이다. 플라스틱이 녹는 고약한 냄새도 날 것이다. 아이들처럼 그림을 보고 먹는 시늉을 해보자. 이 스프를 다 마셔버리자. 냄새가 고약해서 코를 막고 스프를 마셨더니 어떤 변화가 나타났는가? 가슴을 짓누르는 것들이 다 없어졌는가? 속옷이 더 이상 갑갑하지 않게 느껴지는가? 알람 소리를 들어도 화가 안 나는가? 나에게 일어난 변화를 기록해 보자.

13 | 룰을 바꾸어라

Day 37 룰 파악하기 ·······································

배드민턴은 가장 대중적인 운동 중 하나이다. 먼저 라켓을 이용한다. 코트에는 네트가 중간에 있고, 셔틀콕을 그 네트 너머로 넘겨야 한다. 셔틀콕을 받아 치지 못하면 상대편이 점수를 딴다. 네트 너머로 넘기지 못해도 파울

이 되어 상대편이 점수를 딴다. 이처럼 배드민턴의 규칙을 최대한 자세히 써보자. 기본 규칙일수록 놓치기가 쉽다. '라켓은 손으로 잡는다, 두 명이 플레이한다' 같은 가장 기본이 되는 규칙도 놓치지 말자.

Day 38 룰 바꾸기 ·····································

규칙을 잘 적었다면 이제는 규칙을 바꾸면 된다. 라켓으로 쳐야 한다는 규칙을 놓고 왜 라켓으로 쳐야 하는지 물어보자. 주걱으로 치는 배드민턴, 부채로 치는 배드민턴, 손으로 치는 배드민턴은 안 되는가? 이렇게 하나의 규칙 아래 여러 아이디어를 쓰면 된다. 떠오르는 것은 무엇이든지 좋다. 두 명이서 한다는 규칙을 보고 왜 두 명이어야 하는가? 세 명은 안되는가? 다섯 명은 안 되는가? 열 명은 안 되는가? 혼자서는 못하는가? 생각해 보자. 그러면 혼자 하는 배드민턴, 열 명이 하는 배드민턴 이런 식으로 나열하면 된다.

Day 39 이름 붙이기 ·····································

새로운 규칙에 걸맞은 이름을 붙이고 아이디어를 정교화해 보자. 혼자 하는 배드민턴이라는 아이디어에 '혼술, 혼밥'처럼 '혼배'라는 이름을 붙여보자. 혼배는 어떻게 하는 걸까? 벽을 이용해 셔틀콕을 벽에 치고 벽을 맞고 돌아오는 셔틀콕을 다시 치는 방식으로 배드민턴을 할 수 있지 않을까? 게임에는 규칙이 있고 승부가 있다. 그럼 셔틀콕만으로 어떻게 승부를 만들 수 있을까? 타이머를 정해서 특정 시간에 최대한 많은 셔틀콕을 벽에 맞추는 방식으로 기록 게임을 만들 수 있다. 셔틀콕에 IoT기술을 접목해서 자동적으로 기록이 되는 개인 맞춤형 훈련 장치를 만들 수도 있을 것이다. 이렇게 하나의 아이디어를 골라서 아이디어를 계속 확장해 보자.

Day 40 내가 만든 옷 ··

옷이 없다면 무릎 담요를 하나 가져와서 상체에 둘러보자. 팔이 들어가는 자리를 가위로 조금 잘라보자. 자 이제 팔을 끼워서 입어보자. 벌써 조끼가 완성되었다. 원하면 가위로 팔이 끼지 않게 조금 더 잘라보자. 우리가 옷을 만들려면 재단도 알아야 하고, 바느질도 할 수 있어야 하고, 재봉틀도 다룰 수 있어야 한다고 생각한다. 그렇지 않다. 팔이 들어가면 상의, 다리가 들어가면 하의다. 옷은 단순히 몸을 가리고 보호하는 수단일 뿐만 아니라 사회적 규범과 통념이다. 그래서 옷을 자르는 행위는 이러한 규칙과 통념을 깨는 행위이기 때문에 엄청난 해방감을 느낄 수 있다. 기존의 행태를 벗어나 자신만의 규칙을 설정하는 행위로 내가 스스로 통제하고 있다는 안도감도 준다. 옷을 자르기만 하는 것이 아니라 그 옷을 입고 돌아다니면 타인의 시선이나 평가를 신경 쓰지 않고 나의 욕구에 따라 행동하는 사람이라는 자부심을 느낌과 동시에 나만의 가상 공간에서 나의 방패가 생겼다는 안전함까지 느낄 것이다. 나의 느낌을 최대한 자세히 기술해 보라.

Day 41 전단지 알바생 ·······································

전단지를 나눠줄 때는 어떤 규칙이 있는가? 한 명에게 한 장씩 나눠준다. 전부 똑같이 생긴 전단지를 지하철 입구나 사람이 많은 곳에서 나눠준다. 구겨지지 않은 깨끗한 전단지를 준다. 전단지를 건넬 때는 간단한 말 한마디를 건넨다. 이 룰을 하나씩 바꿔보자. 전단지를 받으면 보지도 않고 버리는 사람이 많다는 사실 등 전단지를 둘러싼 여러 행태를 나열해 보자. 그리고 이를 하나씩 깨보자. 깨끗한 전단지가 아니라 구긴 전단지를 주면 어떻게 될까? 사람들이 대체 무슨 내용일지 궁금해서 전단지를 무시하고 버리는 것이 아니라 펼쳐보지 않을까? 전단지를 보고 버릴 수 있는 수거함도 옆에 두면 어떨까? 사람들은 전단지를 보고 난 후 수거함에 넣을 것이기 때문에 그 전단지를 재활용해 더 많은 사람에게 전단지를 나눠줄 수 있을 것이다. 전단지가 다 똑같은 네모 모양이 아니라 퍼즐 모양이라면 어떨까? 여러 장의 전단지를 모아 퍼즐처럼 맞춰야만 어떤 내용인지 알 수 있다면 전단지를 버리지 않고 다른 사람이 가진 전단지까지 맞춰서 그 내용을 보고 싶어하지 않을까? 이렇게 아이디어를 내면 단순한 전단지도 이전과 달라질 수 있다.

14 | 명확하게 표현하라

Day 42 아이디어 깜빡이 켜기 ·····································

지금까지 나온 아이디어를 공유할 때, 누군가는 그 아이디어를 지지해줄 것이고 누군가는 비판할 것이다. 그런데 공유 전에 나는 어떤 것을 듣고 싶은지 먼저 생각해 보자. 상대가 아이디어를 적극적으로 지지해주길 원한다면 상대방에게 '오늘은 내 아이디어를 듣고 무조건 잘했다고 지지해 줘. 좋은 점만 말해 줘. 만약 단점이 생각난다면 내일 이야기해 줘.' 이렇게 정확하게 나의 의사를 전달하자. 그리고 내가 예상한 반응을 받았을 때의 나의 느낌을 꼭 적어보자. 무조건 칭찬이 좋고 비판이 나쁜 것이 아니다. 내가 통제하고 있다고 느낄 때 자신감은 더욱 커진다. 통제감을 느끼려면 상대방에게 깜빡이를 켜서 내가 원하는 바를 알려주어야 한다. 그것이 핵심이다.

15 │ 이름을 바꾸어라

Day 43 연상되는 단어들

맥주는 보리를 발효시켜 만든 술이다. 맥주를 떠올렸을 때 떠오르는 단어는 무엇이 있는가? 맥주잔, 거품, 노란색 같은 시각적으로 떠오르는 단어부터 보리, 효모, 독일처럼 재료나 원산지와 관련된 것, 시원함, 갈증, 땀과 같은 이미지적인 것, 소시지, 골뱅이와 같은 안주까지 다양한 단어들이 있을 것이다. 떠오르는 것들은 무조건 다 적어보자. 다양한 방면으로 머리를 굴려보자.

Day 44 조합으로 새로운 힌트 얻기

기술한 단어들을 조합해 보자. 보리 거품, 거품 잔, 보리 잔, 시원 갈증, 땀 거품, 땀 보리, 소시지 갈증 거품 등등 말이 되든 안되든 일단 다 조합해서 나열해 보자.

Day 45 아이디어 내기

보리 거품을 보고 아이디어를 확장해 보자. 쌀 거품 맥주, 밀 거품 맥주, 거품으로 된 맥주를 떠올렸다면 이제는 보리 거품에 집중해 보리 거품 차(보리를 발효해서 거품을 이용한 종류의 차), 보리 거품 스무디, 보리 거품 폼 클렌저, 보리 거품 세제, 인체에 무해한 보리 거품 비누방울 등 무수한 새로운 아이디어가 쏟아져 나올 것이다. 너무 많은 아이디어 때문에 당혹스럽다면 맥주 아이디어로 한정해도 좋다.

Day 46 나의 이름 바꾸기 ·····························

스스로 자기 이름을 부르는 경우는 많지 않다. 자신의 이름은 주로 부르기
보다는 듣게 된다. 불릴 이름을 스스로 지어보자. 굉장한 의미를 담아봐도
좋고, 아무렇게나 붙여도 좋다. 평소에 불리고 싶은 이름에 의미를 담아보
자. 의미를 한자 음으로 바꾸어 지어도 좋고, 영어 컬러 이름으로 지어도 좋
다. 동네 이름에 숫자를 붙여도 좋다. 중요한 것은 내가 스스로 불릴 나의
이름을 정했다는 사실이다.

Day 47 정수기 ·····································

정수기는 '깨끗할 정(淨), 물 수(水), 도구 기(器)'이다. 즉 물을 깨끗하게 하
는 기계라는 뜻이다. 정수기를 떠올리면 어떤 단어들이 생각나는가? 물, 온
수, 정수, 냉수, 한 컵, 얼음, 필터, 관, 마시다, 깨끗, 투명, 차 등 여러 단어가
떠오를 것이다. 이 단어들을 서로 조합해보면 온수 마심, 얼음 마심, 냉수
마심, 투명관, 투명 냉수, 투명 얼음, 투명 컵 등 무수히 많은 조합이 나올 것
이다. 얼음 마심을 보고 큰 덩어리의 얼음이 아니라 물과 함께 마실 수 있는
작은 얼음 알갱이가 나오는 새로운 정수기라는 아이디어를 떠올려 볼 수도
있다. 혹은 얼음을 갈아서 만든 스무디처럼 갈려서 나오는 얼음 정수라
는 새로운 아이디어도 있을 수 있다. 사용자들이 만든 자신만의 '마시는 얼
음' 음료 레시피를 공유해서 책으로 만들 수도 있고, '마시는 얼음'으로 칵테
일을 만드는 여름 페스티벌을 열 수도 있을 것이다. 하나의 아이디어를 가
지고도 이렇게 다양한 아이디어로 확장할 수 있다.

16 | 많이 내라

Day 48 고민 거리 옵션 늘리기 ·······························

자신의 고민을 솔직하게 적기는 쉽지 않다. 예를 들어 다이어트가 가장 큰 고민이라고 해보자. 왜 그것이 고민일까? 매번 다이어트를 하겠다고 다짐하지만 의지가 박약해 폭식과 야식을 한다. 운동이 좋다는 건 알지만 세상에서 제일 하기 싫은 것이 운동이고, 어쩌다 운동을 해도 하루이틀 하면 더 이상 하지도 않는다. 단식이 좋다 해서 해보면 입 터져서 또 폭식하고, 다이어트 안 할 때보다 다이어트 할 때 살이 더 찌는 요요의 악순환을 끊기가 쉽지 않다. 해결책은 지금 바로 다이어트를 시작하는 것뿐이라는 걸 알지만 문제는 이 해결책을 실천할 수가 없다는 것이다.

여기서 알아차려야 할 사실은 해결책을 하나만 제시했다는 점이다. '오늘부터 다이어트'라는 해결책 하나만 제시한 자체가 문제라는 사실을 알아차려야 한다. 해결책이 하나뿐이었다면 나의 해결 방법에 문제가 있었을 수 있다. 그렇다면 또 어떤 해결책이 있을까? 가급적 많이 써보자. 내일부터 다이어트를 시작한다. 좋다. 또 무엇이 있을까? 구체적으로 생각해보자. 다이어트를 해서 한 달에 1kg씩만 뺀다. 빨리 빼려 하지 않도록 한다. 다이어트 일지를 쓴다. 친구와 함께 다이어트 경쟁을 한다. 계속 써보자.

'아이디어의 5% 법칙'에 따르면 아이디어를 20개는 내야 겨우 하나 건질 수 있다고 한다. 최소 20개는 써보자.

17 | 비유하라

Day 49 비슷한 속성 나열하기 ·································

이제는 나도 시인이 될 수 있다. 차근차근 도전해 보자. 연못은 깊다, 넓다, 동그랗다, 조용하다, 생물이 많이 산다. 맑다, 깨끗하다, 푸르다, 평화롭다, 신비롭다, 자연스럽다, 야생이다. 시간이 멈춰있다, 연못 안은 복잡하다, 꽃이 핀다, 휴식처이다. 아름답다, 배움이 있다, 감싼다. 이렇게 연못을 둘러싼 다양한 속성들을 나열해 보자.

Day 50 아이디어 도출하기 ·································

'동그랗다'를 썼다면 안경, 해, 달, 축구공, 호떡, 동전, 시계, 피자, 도넛, 호떡, 돌맹이, 바퀴, 나침반, 원형 극장, 링 귀걸이 등 생각나는 동그라미를 다 써보자. 그리고 연못은 동그란 안경, 연못은 동그란 호떡, 연못은 동그란 귀걸이. 이렇게 연못을 묘사해 보자.

Day 51 정교화해서 아이디어 내기 ·································

어제 '동그랗다'에서 연못은 동그란 호떡이라고 했다면 동그랗다는 점 외에 연못과 호떡의 또 다른 공통점을 생각해 보자. 호떡은 베어 물었을 때 달콤하고 따뜻하다. 연못도 바라보면 포근하다. 그래서 연못과 호떡의 공통점을 '포근하다'로 잡는다고 가정하면 먼저 Why, 왜 포근한가? 달달하고 따뜻한 것이 퍼져나가기 때문에. 그 다음은 How, 어떻게 포근한가? 한꺼번에 폭발하는 것이 아니라 동심원처럼 퍼져나가면서 포근하다.

그렇다면 이런 시가 탄생할 것이다.

연못
동심원처럼 퍼지면서
달달하고 따뜻한
동그란 호떡

어떤가? 한 편의 시가 되었다. 누구나 시인이 될 수 있다. 우리도 하나씩 단계를 밟아가며 이렇게 시를 쓸 수 있다.

Day 52 나를 비유해 보기 ·······································

너무 깊이 고민하지 말고 즉각적으로 떠오르는 나를 묘사해 보자.

나를 계절에 비유한다면 봄이다.
왜냐하면, 파릇파릇 새싹처럼 돋아나는 아이디어가 많으니까.
나를 동물에 비유한다면 고양이다.
왜냐하면, 호기심 많은 고양이처럼 이것 저것 살피고 다니니까.
나를 꽃에 비유한다면 연꽃이다.
왜냐하면, 순수하고 우아하니까.
나를 사물에 비유한다면 책이다.
왜냐하면, 항상 새로운 지식과 경험을 쌓고자 노력하니까.
나를 색깔로 비유한다면 주황색이다.
왜냐하면, 항상 에너지로 가득 차 있으니까.
나를 도시에 비유한다면 파리이다.
왜냐하면, 낭만적이고 아름다우니까.
나를 옷에 비유한다면 스카프다.
왜냐하면, 언제 어느 곳에서든 그곳에 잘 어울리니까.
나를 노래에 비유한다면 화음이다.
왜냐하면, 누구와도 잘 어울리니까.
나를 식물에 비유한다면 나무이다.
왜냐하면, 늘 성장하니까.

나를 악기에 비유한다면 드럼이다.

왜냐하면, 사람들을 부스팅시키니까.

나를 음식에 비유한다면 김치이다.

왜냐하면, 시간이 지날수록 더 맛있어지니까.

나를 술에 비유한다면 와인이다.

왜냐하면, 오래될수록 더 가치가 있어지니까.

Day 53 비즈니스 아이디어 만들기 ·····························

서울 하면 떠오르는 것들을 나열하면 수도, 한강, 궁궐, 조선, 이순신, 지하철, 강남스타일, 시장, 서울타워 등 다양한 것들이 떠오를 것이다. 만약 궁궐을 골랐다고 가정해 보자. 서울 관광품과 궁궐의 공통점은 무엇인가? 기억할 수 있다는 것이다. 그렇다면 Why, 왜 기억할 수 있는가? 눈앞에서 조선 시대를 보여주기 때문이다. 이번에는 How, 어떻게 기억할 수 있는가? 과거를 직접 경험함으로써 기억할 수 있다. 이를 시로 써보면 이렇다.

서울 관광품

과거를 직접 경험하는

눈 앞의 조선 시대

궁궐

이 시에서 영감을 얻어 서울 관광품을 만든다면 단순히 궁궐을 둘러보는 것이 아니라 직접 왕이나 왕비가 되어 조선 시대 왕이 먹었던 수라상이나 교자상을 직접 맛볼 수 있는 체험 프로그램은 어떨까? 궁궐의 시녀가 되어 왕의 행차를 따라다니는 체험은 어떨까? 눈앞의 조선 시대를 체험하는 궁궐이라는 의미를 더욱 잘 살릴 수 있는 여러 가지 아이디어들을 떠올릴 수 있을 것이다.

18 | 긍정의 힘을 믿어라

Day 54 '어둠의 다크니스' 노트 ······························

인생을 돌아보면 과거 곳곳에 어둠의 시절이 있었을 것이다. 친했던 친구와 이별하고 전학을 갔을 때, 전학 가서 친구들을 사귀지 못했을 때, 누군가가 갑자기 돌아가셨을 때, 시험에 떨어졌을 때, 원하던 사람과 만남을 이어가지 못했을 때 등. 저마다 사연이 있을 것이다. 그 힘듦이 나를 어떻게 변화시켰는지 그것이 꼭 부정적인 측면만 있었는지 긍정적으로 해석할 측면은 없을지 생각해 보자. 예를 들면, 시험에 떨어졌을 때의 긍정적인 측면은 내가 부족한 부분을 파악할 수 있다는 점 외에도 실패를 낯설지 않게 받아들일 수 있다는 점이다. 누구나 실패를 경험할 수 있고 그 실패가 큰 일이 아니라는 것을 깨달을 수 있다. 이런 식으로 나의 어두운 부분을 들춰보고 파헤쳐보자.

19 | 다른 사람이 되어라

Day 55 인물 고르기 ·································

아이폰을 처음 개발해서 세상에 선보이는 스티브 잡스
40대 반려묘를 키우는 미혼 여성
남은 인생 후반전은 아티스트가 되기로 결심한 은퇴를 앞둔 사장님

주변에서 흔히 볼 수 있는 인물도 좋고, 상상의 나래를 펴서 상상 속의 인물을 고르는 것도 좋다. 가급적이면 구체적으로 써보자.

Day 56 그 인물의 성향 쓰기 ·····································

어떤 인물로 할지 1명을 정해 보자. 아이폰을 처음 개발해서 세상에 선보이는 스티브 잡스라면 어떻게 했을까? 어떤 말을 했을까? 어떤 가치 판단 기준을 세웠을까? 스티브 잡스의 입장은 이랬을 것이다.

'세상을 바꿀 수 있다고 생각하는 사람들이 세상을 바꾼다. 우리는 세상을 바꾼다.'

'심플해지는 건 어렵지만 가장 중요하다.'

'설명서 따위는 필요 없다. 직관적이고 사용자 친화적이어야 한다.'

'출시가 중요한 것이 아니라 지속적인 개선이 중요하다.'

'디자인과 기술을 융합해야 한다.'

'아이폰은 단순한 기기가 아니라 생태계의 일부이다.'

만약 그 인물을 잘 묘사하기 어렵다면 직접 인터뷰를 하거나 책을 보면서 그 인물에 대해 탐구해 보는 것도 좋다.

Day 57 이름 붙이기 ···································

스티브 잡스라면 어떤 가구를 만들었을까? 세상을 바꾸는 가구는 어떤 가구일까? 기존에 없던 새로운 카테고리의 가구, 즉 기존에는 가구라고 인식하지 못했던 것을 가구로 만들면 어떨까? 세탁기를 가구로 만들면 어떨까? 가구와 심플함을 접목해보자. 어떻게 하면 심플한 가구를 만들 수 있을까? 가구인지 벽인지 구분이 안 되는 가구는 어떨까? 문인지 벽인지 모를 문은 어떨까?

가구와 지속적인 개선을 접목시켜 한 번 출시되고 끝나는 것이 아니라 지속적으로 개선하고 업그레이드할 수 있는 가구는 어떨까? 가구에 사물인터넷(IoT)이 접목되어서 매년 소프트웨어가 업그레이드되는 가구는 어떨까? 1년에 한 번씩 가구를 청소해 주고 고장이 나면 수리해 주는 가구 관리 서비스를 개발하면 어떨까?

가구와 생태계를 접목시켜 가구만 판매하는 것이 아니라 이사를 가게 되면 중고 가구를 재판매할 수 있도록 인증 중고 가구 마켓을 열면 어떨까?

스티브 잡스가 가구를 만들어서 'i퍼니처(furniture)'를 만든다면 어떤 가구가 탄생하게 될까? 다양하게 생각해 보자.

Day 58 역할 바꾸기

부부간, 부모 자식간, 연인간, 직장 상사와 직원 등 갈등이 있는 모든 관계를 푸는 마법의 대화이다. 드라마 테라피(연극치료)를 현실에 접목해서 서로 역할을 바꿔 대화를 해보는 것이다. 엄마와 딸이라면 엄마가 딸이 되고, 딸이 엄마가 되어서 대화를 시작한다. 문제가 있었던 시점부터 대화를 시작해 보자.

만약 엄마가 밥 먹으라 말해도 딸이 대꾸도 안 했다고 해보자. 엄마는 대답 좀 하라며 짜증스럽게 말하는 대신 다음과 같은 역할 바꾸기 대화를 해볼 수 있을 것이다.

엄마(사실은 딸): 사랑하는 우리 예쁜 딸. 어서 와서 밥 먹어.
딸 (사실은 엄마): 응. 사랑하는 우리 예쁜 딸이라고 말해줘서 고마워, 엄마. 엄마가 해준 맛있는 밥 빨리 먹을게
엄마(사실은 딸): 역시 우리 예쁜 딸 최고네.

역할 바꾸기가 없었다면 엄마는 대꾸 없는 딸만 탓하고 있었을 것이다. 그런데 역할 바꾸기를 통해 엄마가 먼저 다정하게 말을 하면 딸도 다정하게 대꾸할 수 있다는 것을 깨닫게 된다.

'다른 사람이 되어라'는 서로를 이해하는 아주 강력한 도구이다. 실생활에서 잘 활용하기를 바란다.

Day 59 MZ를 위한 전통 시장 ·······························

MZ세대의 특징을 나열해 본다면 이런 것들이 있다.
- 디지털에 익숙하다.
- 자신의 개성과 취향을 중시하고 소셜 미디어를 통해 자신을 표현하는 데
  에 적극적이다.
- 일과 삶의 균형을 중시한다.
- 환경, 사회 정의, 다양성 존중 같은 사회적 가치를 중시한다.
- 수평적인 관계를 선호한다.
- 단순히 주어진 정보를 받아들이는 것이 아니라 정보의 출처와 신뢰성을
  중시한다.

이러한 특징을 전통시장과 연결시켜 보자.
디지털에 익숙하다는 특징을 이용해 시장 차원에서 다양한 디지털 결제 방
식을 지원하는 것은 어떨까? 만약, 상점별로 디지털 결제를 지원하기 어렵
다면 시장에서 한 번에 전체 금액을 결제하고 개별 상점 내에서 쓸 수 있는
코인을 지급하는 방법을 활용해 볼 수도 있을 것이다.
MZ세대가 개성과 취향을 존중하고 소셜 미디어를 통해 자신을 표현하는
데 적극적이라는 점을 활용해 전통 시장의 경험을 소셜 미디어에 올릴 때
개별 상점마다 어떤 해시태그를 달아야 할지 알려주거나 광고하는 방법도
있을 것이다.
정보의 출처와 신뢰성을 중시한다는 특성을 고려해 전통 시장에서 판매하
는 제품의 개별 원산지가 어디인지 반드시 표기하고, 만약 국내산이라면
재배 농부의 정보까지 함께 표시해서 신뢰성을 더할 수도 있을 것이다.
기존의 대형 마트나 인터넷 쇼핑몰이 주던 서비스와 별 차이 없는 것을 제
공하는 것이 아니라 전통 시장만이 줄 수 있는 차별화된 가치를 주려고 할
때, 가장 먼저 할 일은 고객이 누구인지, 그 고객이 원하는 것은 무엇인지
파악하는 일이다.

20 | 너 자신이 되어라

Day 60 스스로를 격려하라 ·······························

짝짝짝. 축하한다. 드디어 60일의 여정을 마무리하게 되었다. 어떤가? 60
일간 두뇌가 조금 말랑말랑해졌는가? 60일간 잠깐 멈췄거나 쉬었다고 해
도 상관없다. 중요한 것은 60일의 여정을 끝까지 해냈다는 사실이다. 하지
만 창의적인 두뇌는 결코 60일로 완성되는 것은 아니다. 중요한 것은 꾸준
함이다. 한 번 운동했다고 건강해지는 것이 아니라 방법을 알고 꾸준히 운
동할 때 건강을 유지할 수 있듯이 뇌도 마찬가지이다. 매일 조금씩 아이디
어를 도출하는 훈련의 맛을 알았을 것이다. 60일 후에 다시 60일 트랙을
돌아보자. 또 다른 것이 보일 것이다. 그리고 어느새 창의적으로 아이디어
를 내고 있는 나를 발견하게 될 것이다. 오늘은 60일을 끝낸 나를 충분히
칭찬해 주자. 그리고 내일부터 다시 1일차를 시작하자.

브레인 피트니스

초판 1쇄 발행   2024년 7월 31일

지은이 | 박성연
발행인 | 홍경숙
발행처 | 위너스북

경영총괄 | 안경찬
기획편집 | 이다현, 김서희
마케팅 | 박미애

출판등록 | 2008년 5월 2일 제2008-000221호
주소 | 서울 마포구 토정로 222, 201호(한국출판콘텐츠센터)
주문전화 | 02-325-8901
팩스 | 02-325-8902

디자인 | 디박스
지업사 | 한서지업
인쇄 | 영신문화사

ISBN 979-11-89352-82-0 (03320)